The Woman Question

by Kenneth E. Hagin

여성에 관한 질문들

케네스 E. 해긴 지음 | 김진호 옮김

믿음의말씀사

The Woman Question
by Kenneth E. Hagin
ISBN 0-89276-405-8
ⓒ 1983 RHEMA Bible Church
AKA Kenneth Hagin Ministries, Inc.
P. O. Box 50126 Tulsa, OK 74150-0126 U.S.A.
All Rights Reserved.

2011 / Korean by Word of Faith Company, Korea.
Translated and published by permission
Printed in Korea.

여성에 관한 질문들

발행일 2011년 3월 4일 1판 1쇄 발행
　　　　2018년 9월 5일 1판 2쇄 발행

지은이 케네스 해긴
옮긴이 김진호
발행인 최순애
발행처 믿음의말씀사
2000. 8. 14 등록 제 68호
우) 16934 경기도 용인시 기흥구 신정로 301번길 59
Tel. 031) 8005-5483/5493 Fax. 031) 8005-5485
http://faithbook.kr

ISBN 89-94901-06-× 03230
값 6,000원

본 저작물의 한국어판 저작권은 케네스 해긴 목사님을 통해 FAITH LIBRARY와의 독점 협약으로
'믿음의 말씀사' 가 소유합니다. 저작권법에 의해 한국 내에서 보호를 받는 저작물이므로 무단 전재와
복제를 금합니다.

본 책에 인용된 성경 구절은 개역개정이며, 예외의 경우에는 따로 표기함.

목차

감사의 말씀 _ 7

01　서문 _ 9

02　남자는 여자의 머리인가? _ 17

03　아내는 남편에게 언제나 복종해야 하는가? _ 29

04　여자는 교회에서 침묵을 지켜야만 하는가? _ 49

05　여자는 교회에서 반드시
　　그들의 머리를 가려야 하는가? _ 73

06　그리스도인 여성의 적절한 복장과 장식 _ 89

07　결론 _ 103

감사의 말씀

P. C. 넬슨 박사는 침례교 사역자이자 신학자였으며, 그가 성령을 받았던 당시에 가장 교육을 많이 받은 사람들 중 한 명이었습니다. 1927년에 그는 오클라호마 주 이니드에서 남서부 성경 학교를 설립하였고, 이 학교는 후에 텍사스 주 왁사하치의 남서부 하나님의 성회 대학이 되었습니다. 그는 1942년에 주님께로 떠났습니다.

사역 초기에 그의 가르침을 받은 것이 나에게는 특권이었습니다. 나는 등사기로 인쇄된 노트 가운데 몇 개를 갖게 되었는데, 그것이 이 책의 준비에 큰 도움이 되었습니다.

넬슨 박사는 32개 언어를 읽고 쓸 수 있었으며, 히브리어와 헬라어의 권위자였습니다. 넬슨 박사는 A. S. 워렐의 신약성경 번역이 그 당시 구할 수 있는 모든 번역 성경들 가운데 헬라어에 가장 근접한 것으로 생각한다고 말했습니다. 나는 그의 노트에서 워렐 번역에서 인용한 문장들을 사용했으며, 또한 마커스 도드의 주석에서도 인용했습니다.

— 케네스 E. 해긴

01
서문

여자는 교회에서 잠잠하라 그들에게는 말하는 것을 허락함이 없나니 율법에 이른 것 같이 오직 복종할 것이요
만일 무엇을 배우려거든 집에서 자기 남편에게 물을지니 여자가 교회에서 말하는 것은 부끄러운 것이라
하나님의 말씀이 너희로부터 난 것이냐 또 너희에게만 임한 것이냐

고전 14:34-36

여자는 일체 순종함으로 조용히 배우라
여자가 가르치는 것과 남자를 주관하는 것을 허락하지 아니하노니 오직 조용할지니라

딤전 2:11-12

바울 서신의 이 말씀들은 하나님의 말씀을 사랑하는 자, 특별히 지금도 그 수가 늘어나고 있는 많은 여성의 무리들을 당혹스럽게 해왔습니다. 자신의 영혼 안에 억제할 수 없이 타오르는

불길을 느끼고, 하나님께서 하나님의 일을 위해 자신에게 손을 얹으신 것을 아는 자매들 말입니다.

이런 성경 말씀들에 근거하여 기독교 전 교단들에서는 여성들이 가르치고 설교하거나 심지어 간증하고 소리 내어 기도하는 것조차 금지해 왔습니다. 많은 보수적인 교단들은 여성들로 하여금 단지 미미한 역할만을 하도록 허용하고 있습니다.

어떤 사람들은 바울이 그저 자신의 잘못된 의견을 나타내고 있을 뿐이라고 말하면서 바울 서신에 나온 이 말씀들을 간단히 무시하곤 했습니다. 그러나 바울은 자신의 의견을 표현할 때는 자기 생각이라고 언급하기 때문에, 나는 이 부분이 하나님의 영의 영감하에 기록된 것임을 믿습니다. 실제로 그는 고린도전서 14장에 계속해서 말했습니다. "만일 누구든지 자기를 선지자나 혹은 신령한 자로 생각하거든 내가 너희에게 편지하는 이 글이 주의 명령인 줄 알라 만일 누구든지 알지 못하면 그는 알지 못한 자니라"(37-38절).

여성들에게 교회에서 침묵을 지키라고 명하는 구절은 오순절파의 위대한 장章인 고린도전서 14장에 있습니다. 그런데 여성이 말하는 것이 허용되지 않고 침묵을 지켜야 하는 오순절 교회를 본 적이 있습니까? 나는 본 적이 없습니다.

나는 오순절과 순복음 교회보다 여성들이 더 자유롭게 말하고 가르치고 기도하고 외치며 책임 있는 위치를 차지하고 있는 교회를 알지 못합니다. 또한 아직까지 순복음과 오순절 교회처럼 오직 전적으로 하나님의 말씀을 따를 것을 강하게 주창하는 교회는 없습니다. 사실 순복음Full Gospel이라는 말이 "완전한 진리full truth를 따른다"는 뜻입니다. 그리고 순복음과 오순절의 성경 학교와 신학 대학들에서는 여성들이 선교사, 복음전도자, 설교자와 같은 특별한 그리스도의 사역을 준비하기 위해 하나님의 말씀을 공부하고 있습니다.

그러나 이 성경 구절들을 자세히 연구하지 않고 겉핥기로 훑어본다면, 우리 순복음파의 이런 관습들이 바울의 가르침의 변종으로 보일 것입니다. 이런 태도는 우리로 하여금 우리가 이 특별한 사안에 대해서 하나님의 말씀을 무시하고 어기고 있다는 것과 이 문제를 우리가 허용하는 관습과의 조화 가운데 해석해야 한다는 점을 받아들이지 못하게 합니다.

바울은 여성혐오자였나?

나는 교계 일부 설교자 및 기타 사람들이 바울은 여성들을 싫어해서 결혼하지 않았으며 실은 여성혐오자였다는 이론을 제기하는 것을 들은 적이 있습니다. 그들은 바울이 여성들에게 제한을 둔 이유로서 이 이론을 제기합니다. 하지만 바울은 여성혐오자가 아니었습니다.

누군가 생각하는 것처럼 바울이 독신주의를 권한 것도 아닙니다. 그는 그 당시에 존재했던 상황 하에서 충고한 것입니다. 고린도전서 7:25-40을 읽어보면 바울이 독신을 권하는 것을 볼 수 있는데, 그 이유는 당시 그리스도인들이 노출되었던 핍박과 고난, 즉 "임박한 환난"(26절) 때문이었고, 또한 주를 섬기는 일에 전적으로 헌신하기에 자유롭게 하기 위한 것이었습니다.

바울은 결혼을 반대하지 않았습니다. 여러분이 방금 읽은 단락에서도 알 수 있습니다(고전 7장). 또한 히브리서 13:4에서는 "모든 사람은 결혼을 귀히 여기"라고 말했습니다.

그는 감독이나 장로(목사)의 자격들을 언급할 때(딤전 3:1-7, 딛 1:5-10), 한 아내의 남편으로서 자신의 가정을 잘 다스리고 자녀들을 잘 훈육시키는 사람이여야만 한다고 말했습니다. 만약 바울이 여성들을 증오했거나, 모든 사역자들은 독신이 되어야 한다고 느꼈다면, 그는 디모데와 디도에게 이러한 가장 책임 있는 지위를 위해 결혼하지 않은 남성을 찾아보라고 권면하였을 것입니다. 그러나 그는 그렇게 하지 않았습니다.

바울은 여성들과 그들의 사역에 대해 자기의 높은 존중을 나타내는 용어들을 사용했습니다.

> 롬 16:1-2
> 1 내가 겐그레아 교회의 일꾼servant으로 있는 우리 자매 뵈뵈를 너희에게 추천하노니
> 2 너희는 주 안에서 성도들의 합당한 예절로 그를 영접하고 무엇이든지 그에게 소용되는 바를 도와줄지니 이는 그가 여러 사람과 나의 보호자가 되었음이라

여기에서 "일꾼servant"으로 번역된 헬라어 디아코노스diakonos는, 킹제임스 신약 성경의 다른 곳에는 "집사deacon"로 번역되어 있습니다. 1절의 더 새로운 번역들 가운데 어떤 것은 "내가 여집사deaconess로 있는 뵈뵈를 추천하노니"라고 해석합니다.

그리고 바울이 로마 교회에게 말하면서, 여자들뿐 아니라 남자들에게도 "(그녀를) 도와줄지니"라고 말하는 것에 주목하십시오. 단지 그녀를 밀어내지 말고 받아 주라는 정도가 아니라, 무엇이든 그녀가 필요로 하는 일에 도와주라는 것입니다.

또한 바울은 로마의 여성들에게 따뜻한 인사를 잊지 않았습니다.

> 롬 16:3-4
> 3 너희는 그리스도 예수 안에서 나의 동역자들은 브리스가와 아굴라에게 문안하라
> 4 그들은 내 목숨을 위하며 자기들의 목까지도 내 놓았나니 나뿐 아니라 이방인의 모든 교회도 그들에게 감사 하느니라

심지어 오늘날 현대에 우리의 일반적인 관습과도 반대로, 바울은 남편인 아굴라보다 먼저 아내인 브리스가를 언급합니다.

또한 "너희를 위하여 많이 수고한 마리아에게 문안하라"(6절)라고도 기록했습니다.

롬 16:12
주 안에서 수고한 두루배나와 드루보사에게 문안하라 주 안에
서 많이 수고하고 사랑하는 버시에게 문안하라

우리는 헬라어를 통해 이 세 사람이 여성임을 알 수 있습니다. 그리고 "주 안에서 수고한" 두루배나와 드루보사, 그리고 "주 안에서 많이 수고"한 버시라고 말하고 있으므로, 이 세 사람은 사역을 하고 있었음을 알 수 있습니다.

13절에서는 "주 안에서 택하심을 입은 루포와 그의 어머니에게 문안하라 그의 어머니는 곧 내 어머니라"라고 말했습니다.

또한 남편과 아내의 관계가 그리스도와 그분의 교회와의 관계를 어떻게 설명하는지를 보여주는 포괄적인 단락(엡 5:21-33)에서, 바울은 남편들에게 아내를 사랑하라고 강하게 권면하고 있습니다.

엡 5:25, 33
25 남편들아 아내 사랑하기를 그리스도께서 교회를 사랑하시고 그 교회를 위하여 자신을 주심같이 하라
33 그러나 너희도 각각 자기의 아내 사랑하기를 자신같이 하고 아내도 자기 남편을 존경하라

골로새서 3:19에서는 "남편들아 아내를 사랑하며 괴롭게 하지 말라."라고 기록했습니다.

이러한 내용들이 여성혐오자의 말들입니까? 결코 그렇지 않습니다!

반대로, 그 표현들은 이 위대한 사도가 훌륭한 남자들뿐만 아니라 훌륭한 여자들도 매우 높이 존경했음을 보여줍니다. 비록 경건한 아내가 남편들에게 주는 부드러운 제련과 영감을 주는 영향력과 동반자적 동지애를 인정하지는 않았지만 말입니다. 그리고 만약 오직 남자들만 이 권면에 주의를 기울였다 해도, 착한 아내들이 겪는 대부분의 슬픔과 불행은 사라졌을 것입니다.

여성들에 대한 예수님의 태도는 모든 남성들에게 귀감이 됩니다. 어느 누구도 주 예수 그리스도께서 친히 그렇게 하셨던 것보다 더 큰 배려로 여성들을 대할 수는 없을 것입니다.

02
남자는 여자의 머리인가?

남자는 여자의 머리입니까? 이 질문은 표면적으로는 다음 성경 말씀에서 명백한 진술인 듯합니다.

> 고전 11:3
> 그러나 나는 너희가 알기를 원하노니 각 남자의 머리는 그리스도요 여자의 머리는 남자요 그리스도의 머리는 하나님이시라
> But I would have you know, that the head of every man is Christ; and the head of the woman is the man; and the head of Christ is God.

그러나 킹제임스 외의 몇 가지 다른 번역들로 이 구절을 살펴보면, 이 구절이 실제로는 "이는 남편이 아내의 머리됨이"라고 말하는 에베소서 5:23 말씀과 같다는 것을 이해할 수 있을 것입니다.

고전 11:3 (웨이머스 역)
그러나 나는 너희가 알기를 원하노니 각 남자의 머리는 그리스도요 여자의 머리는 그의 남편이요 그리스도의 머리는 하나님이시라
I would have you know, however, that of every man Christ is the head, that the head of a women is her husband, and that the head of Christ is God.

고전 11:3 (워렐 역)
그러나 나는 너희가 알기를 바라노니 각 남자의 머리는 그리스도요 아내의 머리는 남편이요 그리스도의 머리는 하나님이시라
But I wish you to know that the head of every man is Christ, and the head of the wife is the husband, and the head of Christ is God.

자, 모든 남자가 모든 여자의 머리입니까? 결코 그렇지 않습니다! 한 남자가 **한 명의**one 여자, 즉 자신의 아내의 머리일 수는 있습니다. 그러나 그는 **모든**every 여자의 머리는 아닙니다.

나는 내가 마지막을 목회했던 교회의 부흥회에서 한 동료 목사님이 설교했던 내용 가운데 몇 가지를 기억합니다. 그는 정말 공부를 하지 않았거나, 아니면 더 알아야만 했습니다. 그는 마치 냄비로 사금을 가려내듯이, 성경말씀의 겉만 훑고 지나갔습니다.

(과거 골드러시 때는 사람들이 하천에 들어가서 냄비로 약간의 사금을 채집할 수 있었습니다. 그러나 만일 누군가가 정말로 금을 찾기 원한다면, 그는 진짜 금이 있는 곳으로 가서 캐내야만 했습니다. 마찬가지로 당신은 성경의 겉만 훑고 지나갈 수도 있지만, 정말로 성경이 말씀하는 바를 발견하기 원한다면, 하나님의 말씀 안으로 파내려가야 할 것입니다.)

나는 그 친구가 강단에서 이러한 것들을 설교하는 동안 바로잡지는 않았습니다. 어쨌거나 회중들이 그 말을 받아들이지 않으리라는 것을 알고 있었습니다. 그런데 우리가 사택으로 돌아온 후에도 그는 그 주제를 계속 거론했습니다.

마침내 내가 말했습니다. "형제님, 그건 성경이 말하는 바가 아니에요."

그가 말했습니다. "오, 맞습니다. 바로 여기에서 남자는 여자의 머리라고 말하고 있어요. 남자들은 모든 면에서 여자들의 머리입니다."

내가 말했습니다. "아니, 아닙니다. 주 안에서 남자들은 여자들 위에 있지 않습니다. 만약 그렇다면, 여자들은 남편이 그러라고 말하기 전에는 결코 구원받을 수 없을 것입니다."

그는 여성들에게 매우 까다롭고 무정한 그런 류의 사람이었습니다. 그는 언제나 여성들에 대해 설교했습니다. 사실 그는 성미가 까다로운 굳은 사람이었습니다. 그의 아내는 동반자가 아니라, 흙 터는 깔개 같은 존재였습니다. 그는 그녀를 짓밟습니다.

비유적으로 말해서 그는 대부분의 시간에 자신의 발로 그녀의 목을 밟고 있었고, 자녀들의 목까지도 밟고 있었습니다.

내가 그에게 말했습니다. "먼저, 형제님은 내 아내의 머리가 아니에요. 내가 머리입니다."

그는 내 아내를 포함한 여성들에게 어떻게 옷을 입어야 하는지 등등에 대해서 줄곧 말하려고 했습니다.

그래서 내가 말했습니다. "그 주제에 대해서 저는 좀 다른 의견을 말씀드리고 싶네요. 내 아내가 옷을 어떻게 입든 그건 형제님께서 관여할 바가 아닙니다. 그건 내 소관입니다. 그리고 내 아내가 머리 스타일을 어떻게 하든 그건 형제님이나 교회 안의 다른 어떤 남자나 어디의 어떤 설교자라도 관여할 바가 아닙니다. 그건 내 소관입니다. 내 아내는 형제님이 아니라 내 마음에 들도록 머리 모양을 내는 겁니다. 또 형제님이 아니라 내 마음에 들도록 옷을 입지요. 만일 형제님의 사모님께서 형제님의 모든 특별한 요구를 기꺼이 받아 주신다면, 그건 그분의 문제겠지요. 하지만 그것을 저나 제 아내에게 강요하지는 마세요.

이 이야기를 꺼내셨는데, 이제는 그만하시고 이 교회에서는 그에 대해 더 이상 아무 말씀 말아 주세요. 목사로서 나는 지역적으로 이 교회의 머리입니다. 우주적으로 교회의 머리는 예수님이시지만, 이 지역교회의 목자는 저이고, 저는 이곳에서 권위를 가집니다. (통치는 목양실 안에 있습니다.) 그러므로 여기 계시는 동안 여성에 대한 문제는 더 이상 언급하지 말아 주세요."

신약성경에서 "남자"와 "남편"에 쓰인 헬라어는 **아네르**aner라는 동일한 단어입니다. 신약성경의 헬라어에는 "남편"이라는 단어가 따로 없습니다. 마찬가지로 신약성경의 헬라어는 "아내"라는 단어도 없습니다. 그러므로 "여자"라는 뜻의 헬라어 **지네**gyne는 "여자"로도 "아내"로도 번역되어 왔습니다.

그러므로 이 단어들이 영어 문단 안에서 어떤 의미가 되어야 하는지는 상황에 따라 결정해야만 합니다. 이를테면 그것이 여성 일반에 대한 것인지 아니면 오직 아내들에 대한 이야기인지를 문맥상에서 가려야만 합니다. 바울은 때로 여성 일반에 대해 이야기하지만, 다른 때는 오직 아내들에 대해서만 이야기할 때도 있습니다. 그러므로 이런 단락들은 아내의 역할과 관련하여 번역해야만 합니다.

우리의 본문 말씀(고전 11:3)은 마치 그리스도께서 모든 남자들의 머리가 되시듯이, 모든 남자들이 모든 여자들과 그런 관계를 대신할 수 있다는 뜻이 아닙니다. 그럴 수는 없습니다.

그리스도께서 남자의 머리이시듯이, 그분은 여자의 머리도 되십니다. 교회의 머리되신 그리스도께서 만일 여자의 머리가 아니시라면, 여자는 교회 안에 존재하지 않게 되는 셈입니다.

당신이 믿고 싶은 대로 성경을 해석할 수는 있습니다. 어떤 식으로 믿으려 하든, 성경 구절을 찾아 문맥에서 따로 떼어 잘못 해석하고는, 뭐든 당신이 원하는 바를 말하게 할 수는 있습니다.

최근에 내가 남자는 여자의 **영적인** 머리가 아니라는 말을 한 후에, 한 사람이 나를 찾아왔습니다.

그는 말했습니다. "오, 아닙니다. 남자는 여자의 머리입니다. 성경이 그렇게 말씀합니다. 그리스도께서 교회의 머리이신 것처럼, 남자는 여자의 머리입니다." 그러고 나서 그는 내게 물어보았습니다. "그리스도는 교회의 영적인 머리이시지요?"

"그렇습니다." 내가 대답했습니다.

"그렇다면 남자가 아내의 영적인 머리입니다."

"그래서 그리스도는 그 아내의 영적인 머리가 아니란 말입니까?" 내가 물었습니다.

"그렇습니다. 그리스도는 아닙니다."

"만일 그리스도께서 그녀의 영적인 머리가 아니시라면, 여자는 교회 안에 없겠군요. 안 그렇습니까?"

"오, 아니, 아니에요, 그 아내도 교회 안에 있죠."

내가 말했습니다. "만일 그녀가 교회 안에 있고 그리스도의 몸의 지체라면, 그녀의 머리는 남자가 아니라 그리스도이십니다."

바울은 영적인 면에서는 그리스도께서 교회의 머리인 것처럼, 단지 가족적이고 가정적인 면에서는 남자가 아내의 머리임을 보여준 것입니다. 그는 남편이 **영적으로** 아내의 머리라고 말하지 않았습니다. 만일 그렇다고 한다면, 구원받지 못한 남편을 가진 거듭난 아내에게는 영적인 머리가 없을 것입니다. 이해하시겠습니까? 그러나 하나님을 찬양합시다, 그녀에게는 영적인 머리가 있습니다. 바로 주 예수 그리스도이십니다!

아까 그 사람은 계속해서 남자는 여자의 머리이므로, 아내는 모든 일에서 남편에게 순종하고 복종해야한다고 말했습니다. 그는 내게 말했습니다. "설사 남편이 아내에게 다른 남자와 동침을 하라고 말할지라도, 그녀는 그렇게 해야 합니다."

그것은 멍청한 짓입니다. 남편은 자기 아내의 양심, 즉 그녀의 영의 주인이 아닙니다. 예수님께서 남자의 영적인 주인이신 것처럼, 그분은 여자에게도 영적인 주인이십니다.

성경은 "주와 합하는 자는 **한 영**one spirit이니라"(고전 6:17)라고 말씀합니다. 반면 같은 장에서 "창녀와 합하는 자는 그와 한 몸인 줄 알지 못하느냐 일렀으되 둘이 **한 육체**one flesh가 된다 하셨나니"(16절)라고 말씀합니다. 또한 "그 둘(남편과 아내)이 **한 육체**one flesh가 될지니"(엡 5:31)라는 구절에서 남편과 아내에 대해서도 같은 표현을 쓰고 있습니다.

가정에서의 부부관계에서만 남편이 아내의 머리가 되는 것을 이해하시겠습니까? **영적인** 면에서 보면, 남자나 여자나 주와 합하는 자는 영적인 머리되신 주 예수님과 한 영입니다. 남자가 그리스도의 몸의 지체인 것처럼, 여자도 그렇습니다. 그리고 그리스도가 남자의 영적인 머리이신 것처럼, 여자의 영적인 머리도 그분이십니다.

모든 여자는 남자의 중재나 동의 없이도 그리스도께 직접 나올 수 있습니다. 나는 자신의 동의 없이는 자기 아내가 기도조차

해서는 안 된다고 말하는 것을 들었습니다. 멍청한 소리입니다. 어느 여자나 자기 남편이나 다른 어떤 남자의 중재나 동의 없이도 하나님께 나올 수 있습니다. 그녀는 여느 남자와 똑같이, 주 예수 그리스도와 개인적이고 친밀한 교제 가운데 들어갈 수 있습니다. 실제로 많은 여성들이 수많은 남자들보다 그리스도와 더 가까운 교제 가운데 행하고 있습니다.

그러나 자연적인 인간관계에서 그녀는 아내로서 가정에서 종속적인 위치에 있습니다. (그녀는 그리스도의 몸 안에서는 종속적인 위치에 있지 않습니다. 그러나 이 말이 남편과 아내가 하나님 앞에서 동등하다는 뜻은 아닙니다.) 가정에서 건강한 질서를 위하여, 남편은 그 집의 머리가 되어야 합니다. 똑똑한 여성은 자기가 보기에 그럴 자격이 없는 남자와 결혼할 생각을 말아야 합니다.

만일 가정을 다스리는 하나님의 질서를 받아들이고 따랐더라면, 커다란 재앙들이 방지되었을 것입니다. 남편은 그 질서에서 벗어나서 아내에게 군림해서는 안 됩니다. 그보다는 서로가 현생과 이생의 모든 행복을 위한 조력자가 되어야 합니다.

남편은 더 큰 책임을 감당해야 하기에 더 큰 권위를 지녀야 합니다. 남편과 아내가 자신이 마땅히 해야 할 바를 한다면 자연스럽게 남편은 가정의 머리된 위치를 취하게 될 것이며, 아내는 남편이 그런 위치에 있는 것을 보면서 기뻐할 것입니다. 세상의 어떤 여자도 자기 남편이 한낱 허수아비나 꼭두각시가 되는 것을 원치 않습니다. 아내들은 남편을 이웃의 웃음거리로 만드는 것이 아니라, 남편에게 뜻을 굽혀야 할 때 굽히는 것을 기쁨으로 여겨야 합니다. 이 점에 대해서는 하나님의 말씀에 벗어날 수 없는 분명한 가르침이 있습니다.

> 엡 5:21-25
> 21 그리스도를 경외함으로 피차 복종하라
> 22 아내들이여 자기 남편에게 복종하기를 주께 하듯 하라
> 23 이는 남편이 아내의 머리됨이 그리스도께서 교회의 머리됨과 같음이니 그가 바로 몸의 구주시니라
> 24 그러므로 교회가 그리스도에게 하듯 아내들도 범사에 자기 남편에게 복종할지니라
> 25 남편들아 아내 사랑하기를 그리스도께서 교회를 사랑하시고 그 교회를 위하여 자신을 주심같이 하라

바울이 "피차 복종하라"(21절)라고 말한 것은 전체 교회를 향하여 말하고 있는 것입니다. 우리가 교회 안에서 피차 군림해야 한다는 말입니까? 아닙니다! 이는 우리가 서로 양보하고 기분 좋게 잘 지내야 한다는 뜻입니다.

그리고 이어지는 "아내들이여 자기 남편에게 복종하기를 주께 하듯 하라"라는 구절은 남편은 아내에게 군림하고, 아내는 결코 토를 달면 안 된다는 뜻입니까? 아닙니다! 이는 그들이 서로 기분 좋게 잘 지내기 위해 노력해야 한다는 뜻입니다.

여자의 머리는 남자라고 말씀한 같은 구절(고전 11:3)에서는 또한, "그리스도의 머리는 하나님이시라"라고도 말합니다. 이는

그리스도께서 본질상 그리고 영원히 성부 하나님보다 열등하다는 뜻이 아닙니다. 그리스도께서 성부 하나님과 영원한 동등성을 가지신 것은 다음 구절에서 선언되었습니다. 6절을 보십시오.

> 빌 2:5-9
> 5 너희 안에 이 마음을 품으로 곧 그리스도 예수의 마음이니
> 6 그는 근본 하나님의 본체시나 하나님과 동등 됨을 취할 것으로 여기지 아니하고
> 7 오히려 자기를 비워 종의 형체를 가지사 사람들과 같이 되셨고
> 8 사람의 모양으로 나타나사 자기를 낮추시고 죽기까지 복종하셨으니 곧 십자가에 죽으심이라
> 9 이러므로 하나님이 그를 지극히 높여 모든 이름 위에 뛰어난 이름을 주사

그러나 그분은 우리의 구원자이자 우리의 희생 제물이자 우리의 형제로서 종속적인 위치를 취하시고 모든 면에서 아버지께 순종하고 그분의 뜻에 복종하셨습니다.

성경은 그리스도께서 자기를 낮추시고 죽기까지 순종하셨을 때, 하나님께서 그분을 지극히 높여 자기의 우편에 앉히신 것을 아주 잘 가르쳐주고 있습니다. 그리스도께서는 거기서 여전히 살아계시며 우리를 위하여 중보해주십니다.

이와 마찬가지로, 남자든 여자든 어떤 사람이 십자가에 순종하고 그리스도를 구원자로 영접하면, 그도 역시 높여져서 그리스도와 함께 하늘에 앉게 됩니다.

엡 2:4-6
4 긍휼이 풍성하신 하나님이 우리를 사랑하신 그 큰 사랑을 인하여
5 허물로 죽은 우리를 그리스도와 함께 살리셨고(너희는 은혜로 구원받은 것이라)
6 또 함께 일으키사 그리스도 예수 안에서 함께 하늘에 앉히시니

그리스도는 하나님 아래 계시지 않습니다. **한 때** 그랬지만, 이제는 들려 지시고 하나님의 우편에 앉힌 바 되셨습니다. 사람은 비록 아래 있지만, 구원받고 십자가로 나와 예수님을 주님으로 고백하면 그리스도와 함께 들려져서 그분과 함께 앉게 됩니다. 이는 수직적인 관계가 아니라 수평적인 관계입니다. 하나님의 말씀은 우리가 상속자이자 하나님의 자녀이자 그리스도와 함께 공동 상속자joint-heirs라고 말합니다. 공동이란 동등함을 의미합니다. 그리고 여성들도 남성들과 마찬가지로 공동 상속자입니다.

예수님은 이렇게 기도하셨습니다. "아버지여 아버지께서 내 안에 내가 아버지 안에 있는 것 같이 그들도 다 하나가 되어 우리 안에 있게 하사"(요 17:21) 이는 믿는 남편뿐만 아니라 믿는 아내들도 포함하는 것입니다.

복종submission이라는 주제에 대한 많은 이야기들이 성경 구절로 입증이 되지 않으며, 구절을 문맥에서 떼어 본뜻과 달리 해석한 것입니다. 그러한 이야기들은 여성들로 하여금 남성보다

열등하다고 느끼게 합니다. 여성들로 하여금 자신이 노예나 종의 위치를 취해야 한다고 느끼도록 합니다. 그것은 자유 대신 속박을 줍니다. 그리고 하나님의 말씀은 분명히 선언합니다. "진리를 알지니 진리가 너희를 자유케 하리라"(요 8:32) 진리는 결코 속박하지 않습니다!

03
아내는 남편에게 언제나 복종해야 하는가?

이 장에서는 우리의 본문 말씀 마지막 부분과 "아내는 남편에게 언제나 복종해야 하는가?"라는 질문에 대해서만 다룰 것입니다.

고전 14:34
여자는 교회에서 잠잠하라 그들에게 말하는 것을 허락함이 없나니 율법에 이른 것같이 오직 복종할 것이요

바울은 이 구절을 명확히 하기 위해 "율법에 이른 것같이"라고 말함으로써 우리로 하여금 율법을 보게 합니다. 신약성경에서 사용된 "율법law"이란 단어는 (a) 십계명, (b) 모세 오경, 또는 (c) 구약 전체를 가리킵니다.

십계명 안에는 여성들의 권리에 대해서는 아무것도 없기 때문에, 바울은 틀림없이 모세 오경이나 구약 전체를 언급하고 있는 것

입니다. 그러므로 율법이 뭐라고 말하는지 보도록 합니다. (우리는 종종 율법이 실제로 말하는 바가 아니라 우리의 생각에 따라 율법을 해석하면서, 율법이 말하는 바를 알고 있다고 생각합니다.)

태초에 창세기에서 우리는 하나님께서 남자와 여자를 만드신 것을 봅니다. 남자와 여자 모두 땅의 모든 것들을 정복하고 다스리도록 되어 있었습니다(창 1:26-28). 야생 동물들은 남자는 물론 여자에 대해서도 본능적인 두려움을 가지고 있었습니다.

여자는 아담의 발이 아니라 옆구리에서 취해졌습니다. 여자는 이교도들이 그러하듯이 학대받아야 하는 것이 아니라, 그리스도인의 방식으로 남자 옆에 서도록 되어 있습니다(창 2:21-22).

"여호와 하나님이 이르시되 사람이 혼자 사는 것이 좋지 아니하니 내가 그를 위하여 돕는 배필을 지으리라 하시니라"(창 2:18). 하나님은 남자가 여자의 도움과 격려 없이 홀로 있는 것이 좋지 않음을 아셨습니다. 그래서 그분은 돕는 배필, 즉 그에게 알맞은 조력자로서 여자를 만드셨습니다.

바울은 다음의 성경 구절을 통해 그러한 상호 의존을 인정하는데, 나는 그 내용을 더 명확히 이해할 수 있도록 웨이머스 Weymouth역 성경에서 인용하고자 합니다.

> 고전 11:8-9, 11-12 (웨이머스 역)
> 8 남자가 여자에게서 비롯된 것이 아니요 여자가 남자에게서 비롯되었으며

9 또 남자가 여자를 위하여 창조되지 아니하고 여자가 남자를 위하여 창조된 것이니
11 그러나 주 안에서 여자는 남자와 별개가 아니요 남자도 여자와 별개가 아니니라
12 여자가 남자에게서 비롯된 것과 같이 남자도 여자를 통해 났음이라 그러나 모든 것은 결국 하나님으로부터 오느니라
8 Man does not originate from woman, but woman from man.
9 For man was not created for woman's sake, but woman for man's.
11 Yet, in the Lord, woman is not independent of man nor man of woman.
12 For just as woman originates from man, so also man has his birth through woman; but everything comes ultimately from God.

　창세기의 창조에 대한 기술에서 남자와 여자가 동등하지 않다는 암시는 전혀 없습니다.
　여자는 남자에게 종속되지 않습니다. 이는 부부 관계에서의 문제입니다. 가정에서 아내는 종속적인 위치를 가집니다. 그러나 주 안에서는 종속적인 위치를 갖지 않습니다.
　성경은 "너희는 … 남자나 여자나 다 그리스도 예수 안에서 하나이니라"(갈 3:28)라고 말씀합니다.

여자들은 남자들이 그런 것처럼 "하나님의 자녀"로 똑같이 부름 받았습니다. "사랑하는 자들아 우리가 지금은 하나님의 자녀라…"(요일 3:2)라고 말했을 때, 요한은 남자만이 아니라 교회 전체를 향해서 기록한 것입니다.

그 구절은 이렇게 계속됩니다. "…장래에 어떻게 될지는 아직 나타나지 아니하였으나 그가 나타나시면 우리가 그와 같을 줄을 아는 것은 그의 참모습 그대로 볼 것이기 때문이니" 여자들도 남자들이 그런 것처럼 똑같이 그분과 같이 변화될 것입니다.

구약성경의 예들

율법에 기록되어 있는 남편들과 아내들에 대해 살펴보겠습니다.

베드로는 그리스도인 아내들이 따를 만한 모범적인 아내로서 사라를 들어 말합니다. "사라가 아브라함을 주라 칭하여 순종한 것같이 너희는 선을 행하고 아무 두려운 일에도 놀라지 아니하면 그의 딸이 된 것이니라"(벧전 3:6).

이 구절을 집어서 "봐, 아내는 사라가 아브라함에게 순종한 것처럼 남편에게 순종해야 돼."라고 말할 수는 있습니다. 그러나 이것이 아내들은 자기 생각을 말할 어떤 권리도 없다는 뜻일까요? 어떤 이들은 아내가 노예보다 나을 바 없는 지배와 권위와 통치 아래 있어서, 자신의 생각을 표현할 권리가 없다는 인상을 남기곤 했습니다. 그러나 그것은 베드로가 말하고자 하는 것이 아닙니다. 율법이 무엇이라고 말하는지 봅시다.

> 창 16:5-6
> 5 사래가 아브라함에게 이르되 내가 받는 모욕은 당신이 받아야 옳도다 내가 나의 여종을 당신의 품에 두었거늘 그가 자기의 임신함을 알고 나를 멸시하니 당신과 나 사이에 여호와께서 판단하시기를 원하노라
> 6 아브라함이 사래에게 이르되 당신의 여종은 당신의 수중에 있으니 당신의 눈에 좋을 대로 그에게 행하라 하매 사래가 하갈을 학대하였더니 하갈이 사래 앞에서 도망하였더라

여기서 우리는 아브라함이 사라에게 자기가 좋을 대로 하게 하는 것을 보게 됩니다. 그는 독불장군처럼 그녀를 지배하지 않았습니다.

창세기 16장부터 21장까지 내내 한 가지 의견 충돌에 대한 기록이 있습니다. 그 정점에서 우리는 아브라함이 아내의 주장에 항복하고 그녀 뜻대로 하도록 내버려 두는 것을 보게 됩니다. 그리고 하나님께서 아브라함이 아니라 사라가 옳다고 하시는 것을 보게 됩니다.

> 창 21:10-12
> 10 그(사라)가 아브라함에게 이르되 이 여종과 그 아들을 내쫓으라 이 종의 아들은 내 아들 이삭과 함께 기업을 얻지 못하리라 하므로

11 아브라함이 그의 아들로 말미암아 그 일이 매우 근심이 되었더니
12 하나님이 아브라함에게 이르시되 내 아이나 네 여종으로 말미암아 근심하지 말고 사라가 네게 이른 말을 다 들으라 이삭에게서 나는 자라야 네 씨가 부를 것임이라

하나님은 아브라함에게 아내의 말을 들으라고 최소 한번은 말씀하셨습니다. 이 구절에 따르면, 이번 일에서는 사라가 남편을 좌지우지했습니다. 그리고 하나님은 그것을 승인하셨습니다. 그분은 아내가 옳을 때는 항상 그렇게 하십니다.

하나님은 언제나 옳은 것을 승인해주십니다. 말하기 부끄럽지만, 몇몇 성령 충만한 순복음 사역자들은 나에게 여자는 남편이 말하면 무엇이든 해야 한다고 말했습니다.

그들은 나에게 개인적으로, 성경이 남편에게 순종하라고 말하고 있으므로, 만일 남편이 아내에게 다른 남자와 동침하라고 말하면 아내는 그렇게 해야만 한다고 말했습니다. 그것은 나의 지성에 대한 모욕입니다. 하나님은 잘못된 것을 그냥 내버려 두시지 않습니다. 그리고 그것은 바로 그분의 십계명 가운데 하나를 깨뜨리는 것입니다.

한 사람이 내게 말했습니다. "만일 남편이 아내에게 함께 술을 마시자고 하면, 그녀는 반드시 남편과 함께 술을 마셔야합니다. 만일 남편이 그녀가 술집에 가기 원한다면, 그녀는 가야합니다."

또 다른 사람이 말했습니다. "구원받지 못한 남편이 자기 아내에게 교회에 가지 말라고 말하면, 그녀는 가지 말아야합니다. 만일 남편이 그녀에게 성경을 읽지 말라고 말하면, 그녀는 읽지 말아야합니다. 그녀는 남편에게 엄격히 순종해야 합니다."

(이는 내가 개인적으로 들은 말들입니다. 나는 누군가가 내게 남의 말을 전한 것을 말하는 것이 아닙니다. 어쨌든 이러한 의견들이 나에게 전혀 조금의 혼돈도 유발시키지 못했음을 아실 것입니다.)

나는 이렇게 대답합니다. "말도 안 되는 막 되먹은 소리!"

베드로는 본보기로 사라를 언급했습니다. 한 번 봅시다. 사라가 옳았을 때, 하나님은 그녀의 편을 들었습니다. 아내가 잘못했을 때 하나님께서 그녀의 편을 들지 않는 것과 마찬가지로, 하나님은 남편이 잘못했을 때도 그의 편을 들지 않으실 것입니다.

좋은 아내들로 인하여 하나님께 감사드립니다! 그들은 억압당할 필요가 없습니다. 오, 간혹 남편에게 군림하려는 아내들이 있는 것도 알지만, 만일 그 남편들이 아내 돌보는 법을 모르는 사람들이라면 그냥 아내들을 내버려두고 잡혀 살도록 하십시오! 아시다시피, 그건 남편들의 문제입니다. 몇몇 예외들 때문에 모든 아내를 격하시킬 필요는 없습니다. 그리고 가정사를 돌보는 것은 남편들의 책임이지 설교자의 책임이 아닙니다.

만일 어떤 남자가 아내에게 잡혀 살기를 원한다면, 그것은 그의 소관으로 다른 누구도 관여할 일이 아닙니다. 나는 다른 사람의 돈 문제에 관여하지 않듯이, 다른 남자의 아내 일에도 관여하지 않습니다. 물론 우리는 원칙들을 정할 수 있습니다. 그러나 나는 오히려 아내에게 잡혀 살기를 **즐기는** 사람들도 있다고 생각합니다. 만일 그들이 좋아한다면, 그냥 즐기도록 내버려 두십시오. 저 자신은 그런 것을 좋아하지 않지만 말입니다.

그러나 나는 내 아내를 존중하고 또 그녀의 의견도 존중해줍니다. 한 번은 그녀가 내게 단호하게 반대하여 말해야 했습니다. 내가 목회의 일을 떠나 순회 사역으로 들어가려고 하던 1947년과 1948년경에, 하나님은 나를 다루셨습니다. 그분께서는 저에게 치유에 대해서 말씀해주셨고 또 병자들에게 사역하는 것에 대해서도 몇 가지 가르침들을 주셨습니다. 그것은 내 심령의 부담이었습니다.

그러나 나는 실수를 했습니다. 잘못된 모임에 갔던 것입니다. (때로 여러분은 잘못된 교회, 잘못된 집회, 잘못된 모임에 가는 실수를 범할 수 있습니다.) 그것은 한겨울에 있었던 어떤 기도와 성경 컨퍼런스였습니다. 거기서 설교했던 거의 모든 사람들은 치유 집회를 반대하는 말을 했습니다. 그리고 마지막에 제일 높은 자리에 선 사람이 과감하게도, 한 사람이 병자를 위해 기도하거나 한 개인이 안수해서는 안 되고, 모두가 손을 얹어야만 하나님께서 고치셨을 때 그분께서 영광 받으신다고 말했습니다.

그 모든 말들이 나를 의기소침하게 했습니다. 나는 여자들이 때때로 느껴야만 했던 감정이 어떤 것인지 이해할 수 있습니다.

그들은 교회에 줄곧 다니면서도 억압을 당해왔고, 그래서 차라리 교회를 안 다녔더라면 싶었을 것입니다.

2, 3일 후에 나는 집으로 돌아왔습니다. 나는 이미 사직서를 제출했고, 아내는 내가 없는 사이 짐을 싸고 있었습니다.

내가 말했습니다. "짐을 풀어요. 우리는 가지 않을 거야."

"당신 안 간다고요?"

"그래요, 나는 안 갈 거야. 교회는 내가 여기 머물기를 원하고 나는 그냥 머물 거예요. 그리고 또 하나, 지금 이 순간부터 나는 다시는 병자들을 위해 기도하지 않을 거예요. 내가 살아있는 날 동안 절대로 다른 사람에게 안수하지 않을 거요. 만약 누군가 기름을 발라달라고 우기면, 집사들을 불러서 그에게 기름을 바르게 할 것이요."

아내는 내가 평상시와 달리 풀이 죽어 있는 것을 알 수 있었습니다. 그녀가 말했습니다. "안 돼요. 우리는 이 교회에 더 이상 머물지 않을 거예요."

나는 깜짝 놀랐습니다. 그녀는 평생 그렇게 행동한 적이 없었습니다. 그리고 그 이후로도 그녀는 그런 식으로 행동하지 않았습니다. 그러나 그녀는 이 경우에는 그렇게 행동해야 할 필요가 있었습니다. 그리고 하나님은 그녀 편에 계셨습니다.

그녀가 말했습니다. "안 돼요. 나는 짐을 풀지 않을 거예요. 그리고 우리는 떠날 거예요. 이 교회를 떠날 거예요. 그래요. 당신은 하나님께 순종해야해요. 그게 당신이 할 일이예요!"

나는 아무런 말도 못 하고 서 있었습니다. 그녀는 평소 그렇게 말하지 않았습니다. 그러나 솔직히 말하자면, 그녀가 만약 내가 상황을 좌우하도록 내버려 두었다면 우리 두 사람 모두 혼란에 빠지고 말았을 것입니다. 그녀가 옳았습니다. 그리고 그녀는 내 안에 약간의 활력을 넣어 주었습니다. 나는 계속 진행했고 하나님께 순종했습니다.

사라는 우리가 읽었던 그 상황에서 남편을 좌지우지했고, 하나님은 그것을 승인하셨습니다. 하나님은 언제나 옳은 편에 함께 하십니다. 그분은 결코 잘못된 입장을 취하지 않으십니다. 만일 그렇게 하셨다면, 그분이 잘못된 것입니다.

사라가 침묵과 노예적인 복종 하에 고통당하지 않고, "율법에 이른 것같이" 자신의 권리대로 자기 생각을 말한 것을 보셨습니까? 모세 오경에 이런 것이 기록되어 있습니다.

사무엘상 1장은 사무엘의 어머니 한나가 남편과 의견 차이가 있었을 때, 자기 생각을 말하고 자기 뜻대로 하였음을 기록하고 있습니다. 그리고 그것이 하나님이 방법이었음이 입증되었습니다.

아비가일은 지혜로운 여인이었으나 그녀의 남편은 어리석었습니다. (그런 경우들이 좀 있습니다.) 성경은 그녀의 남편을 "사탄의 자식son of Belial"[1]이라고 일컫습니다. 그녀는 남편에

---

[1] 한글개역개정에서는 "불량한 사람"(삼상 25:17)이라고 번역되었다.(역자 주)

게 순종하지 않음으로써 위기의 상황에서 건짐을 받았으며 다윗의 은총을 얻었습니다. 만일 그녀가 남편의 말을 들었다며, 많은 피의 대가가 있었을 것입니다.

> 삼상 25:32-33
> 32 다윗이 아비가일에게 이르되 오늘 너를 보내어 나를 영접하게 하신 이스라엘의 하나님 여호와를 찬송할지로다
> 33 또 네 지혜를 칭찬할지며 또 내게 복이 있을지로다 오늘 내가 피를 흘릴 것과 친히 복수하는 것을 네가 막았느니라

성경에서 전체 이야기를 읽고, 아비가일이 남편에게 **불순종했음**에도 불구하고 하나님께서 그녀의 편에 서셨다는 것을 확인하십시오.

범사에 복종?

모든 아내가 **언제나 모든 일에서** 남편에게 순종해야만 한다는 것은, 온당한 주장이 아닙니다. 이 책의 2장에서 나는 내가 남편은 아내의 주인이 아니고 예수님께서 그녀의 영적 머리시라고 말하자, 한 성경 교사가 내게 와서 대화를 했던 사건을 언급했습니다. 그는 한술 더 떠 "에베소서 5:24을 보십시오."라고 말하고 "그러므로 교회가 그리스도에게 하듯 아내들도 **범사에** 자기 남편에게 복종할지니라"라며 그 구절을 직접 읽어주었습니다.

그는 읽으면서 "범사에"라는 말을 강조했습니다.

그는 말했습니다. "아내는 범사에 자기 남편에게 복종해야 합니다."

이는 심지어 남편이 아내에게 다른 남자와 동침하라고 해도, 그렇게 해야 한다는 말이었습니다. 그는 이 구절에서 남편은 반드시 그리스도인이어야 한다고 명시하지 않았고, 단지 아내의 순종에 대해서만 말했다는 사실을 엄청나게 강조했습니다. "심지어 남편이 구원받지 않았더라도, 남편이 시키는 것은 무엇이든지 해야 합니다."

그는 자기의 관점을 뒷받침하기 위해 그 한 절에 매달렸습니다. 그러나 하나님의 말씀은 모든 말은 두세 증인의 입으로 확정되어야 한다고 분명히 말씀합니다(신 17:6, 19:15, 고후 13:1). 우리는 반드시 전체 성경의 가르침들을 고려해야 합니다. 따로 떨어진 한 구절을 취하여 그 위에 어떤 교리를 세워서는 안 됩니다.

다시 말하고 싶습니다. **모든** 아내가 **언제나 모든 일에서** 남편에게 순종해야만 한다는 것은 온당한 주장이 아닙니다. 일부 짐승 같은 남자들은 결코 용납되어서는 안 되는 일들을 아내에게 요구합니다. 만일 격분한 남편이 아내에게 자녀들을 죽이라고 명령했다면, 정신이 멀쩡한 사람이라면 누구도 그녀에게 순종해야 한다고 말하지 않을 것입니다. 그녀가 그 말에 순종해서는 안 된다면, 순종해서는 안 될 다른 일들도 많이 있습니다. 왜냐하면 남편들이 틀렸기 때문입니다!

남편은 주님의 계명 가운데 어떤 것도 철회할 수 없습니다.

하나님께 강력하게 쓰임 받았던 스미스 위글스워스는 이렇게 말했습니다. "나의 모든 사역은, 하나님을 제외하면, 바로 내 사랑하는 아내의 덕입니다." 그는 계속해서 그가 영국에서 배관공이던 시절을 이야기 했습니다. 그는 그곳의 오래된 저택과 집들의 배관 공사를 통해 점점 부유해졌고, 때로는 일주일에 7일을 일했습니다. 그는 영적으로 냉랭해져 갔으며 실로 타락했습니다.

영적으로 타락하고 하나님과 교제에서 벗어나면, 하나님의 것들에 대해서 흥미를 잃어버리게 됩니다. 그런데 하나님을 사랑하는 사람을 보면, 당신은 정죄감을 느끼게 됩니다.

그는 아내에게 말했습니다. "당신은 교회에 너무 많이 가고 있어. 이제 더 이상 교회에 가지 마시오. 나도 남자는 아내의 머리라는 건 알만큼 성경에 대해 알아요. 당신은 내게 순종해야만 하오. 내가 '교회에 가지 말라'고 말했으니, 당신은 갈 수 없소."

그녀는 부드럽게 웃으면서 말했습니다. "스미스, 당신은 이 집안의 머리이고 나의 남편이에요. 집안에서 당신이 말하는 건 뭐든 실행되지요. 내가 당신이나 아이들이나 무슨 집안일이든 등한시 하지 않는다는 걸 나 못지않게 잘 아시지요. 하지만 당신은 나의 주님이 아니에요. 예수님이 나의 주님이에요. 그리고 성경은 우리 스스로 함께 모이는 것을 폐하지 말라고 하세요. 성경이 나에게 교회에 가라고 말씀하시기 때문에, 나는 교회에 갈 거예요."

그가 말했습니다. "나는 노발대발해서 욕을 했습니다. 그리고 마침내 어느 날 말했습니다. '당신이 오늘 밤 교회에 가면, 문을 잠가 버릴 거요.' 하지만 아내는 멈추지 않고 갔고 나는 문을 잠가 버렸습니다. 아내는 열쇠가 없어서 들어올 수 없었습니다. 다음날 아침에 아래층으로 내려가 뒷문을 열었더니 아내가 거기서 코트를 뒤집어쓰고 문에 기댄 채로 있었습니다. 아내는 밤새도록 거기에 있었던 것입니다. 내가 그 문을 열었을 때, 그녀는 거의 부엌 쪽으로 쓰러질 듯 했습니다. 그러나 그녀는 깡충 뛰면서 웃으며 말했습니다. '여보, 잘 잤어요?'

아내는 매우 친절하고 상냥했는데, 사실 아내가 불평을 좀 했더라면 나는 기분이 더 좋았을 것입니다. 그러나 아내는 그렇게 하지 않았습니다. 그녀는 단지 '아침 식사는 무엇이 좋을까요?' 하고 물었습니다. 그리고 그녀는 내가 좋아하는 아침 식사를 준비하는데 열중했습니다.

내가 말했습니다. '됐어요, 됐어. 내가 잘못했소. 내가 잘못 생각했어요.' 그녀는 오직 내가 하나님께 돌아오기를 바랐습니다. 그러나 동시에, 그녀는 자기의 입장을 고수했습니다. 만일 그녀가 교회에 가기를 그만두고 나를 따랐다면, 우리는 둘 다 문제에 빠지게 되었을 것입니다."

나는 그런 경우들이 일어나는 것을 보아왔습니다. 목회했던 12년 동안 나는 여자들이 이렇게 말하는 것을 들었습니다. "내 남편은 내가 교회 가는 걸 원치 않아요. 그는 내가 여기에 가서 이러이러한 일을 하기 원합니다. 그러면 남편을 내 편으로 끌어당길 수도 있을 것 같아요." 그리고 나는 그 여성들이 자기 남편과 함께 곧바로 신앙적으로 뒷걸음치는 것을 보았습니다. 어떤 사람들은 결국 하나님과의 교제 안으로 돌아왔지만, 그들의 남편들 가운데 구원받은 사람은 한 사람도 기억하지 못합니다.

반면, 나는 그 교회들 안의 많은 신실한 여인들에게 교회에 못 나가게 하며 괴롭히는 남편이 있었던 것을 기억합니다.

특별히 한 작은 여인이 있습니다. 그녀가 통과했던 엄청난 고난의 세월이 얼마나 길었던지요! 그러나 내가 영감이 필요하거나 설교를 하려고 하거나 예배가 죽어 있는 것 같을 때, 나는 다른 무엇이 아니라 그녀의 얼굴을 보았습니다. 그러면 그녀는 나에게 설교할 영감을 주었습니다. 그녀의 얼굴은 항상 네온사인과 같이 빛났습니다.

어느 날 밤, 아내가 내게 말했습니다. "여보, 메리의 신발을 보셨어요?"

"아니, 못 봤어요. 뭐 잘못된 것이라도 있소?"

그녀가 말했습니다. "글쎄, 그녀가 장화를 신고 있었어요."

"장화라고! 근래 한 달 동안 비도 내리지 않았는데, 왜 장화를 신었지?"

"조(그녀의 남편)가 교회에 못 가게 해요. 그가 화가 나서 메리의 신발을 감춰버렸어요."

그는 신발을 감추어 버리면 그녀가 교회에 가지 않을 것이라고 생각했던 것입니다. 그러나 그녀는 장화를 신고 교회에 나왔습니다. 확신하건데, 만일 장화를 버렸다면 그녀는 맨발로 교회에 왔을 것입니다.

그녀는 작고 온유한 여인이었습니다. 그러나 나는 그녀가 내게 이렇게 말했던 것을 기억합니다. "저는 어떤 식으로든 남편을 지배하기를 원하지는 않아요. 그는 내 남편이고 나는 남편을 존중해요. 그는 우리 애들의 아버지이고, 저는 아이들에게 아빠를 존경하라고 가르치지요. 그러나 남편은 마땅히 해야 할 바를 하지 않고 않습니다. 그는 하나님의 것들에 대해 관심도 없고 교회에 나오려고 하지도 않아요. 예수 믿는 일에 관해서는 제가 이끌어야만 할 것 같아요. 제가 잘못된 건가요?"

내가 말했습니다. "아닙니다, 자매님은 틀리지 않았습니다. 자매님이 옳습니다."

그녀는 자기의 입장을 고수했습니다. 그 후에 그녀는 남편에게 어떻게 말했는지 말해주었습니다. "조, 나는 당신에게서 어떤 권위도 빼앗으려고 하지 않아요. 하지만 우리 아이들이 주일 학교와 교회에는 나가도록 할 거에요. 만일 아이들이 당신을 따른다면 도박을 하고 술을 마시게 될 거에요. 그리고 또 한 가지 더, 우리는 식탁에서 기도를 꼭 해야 해요. 지금 우리는 앉아서 돼지 떼처럼 그냥 먹기 시작하잖아요. 이제는 식사 전에 제가 기도를 할 거에요."

그녀는 자기가 해도 되는지 물어보지 않고, "나는 그렇게 할 거에요."라고 말했습니다. 그리고 다음 식사 때, 그녀는 그렇게 했습니다. 자녀들 가운데 한 명이 훔쳐보고 나서 그녀에게 말했습니다. "엄마, 아빠는 미친 사람처럼 앞만 똑바로 쳐다보고 앉아 있었어요." 그러나 몇 차례 지난 후, 그는 가족들과 함께 고개를 숙이고 눈을 감기 시작했습니다.

그리고 그녀는 얼마 지난 후에 남편에게 어떻게 말했는지 말해 주었습니다. "조, 우리는 집에서 성경을 꼭 읽어야 하고, 당신이 읽어 주셔야만 해요. 하지만 당신이 하지 않으실 거라면, 매일 밤 잠들기 전에 제가 성경 한 장씩을 읽고 아이들과 기도할 거예요. 당신이 그 자리에 있 당신을 그렇게 하지 않습니다. 그러므로 우리가 매일 밤에 잠자리에 들기 전에 나는 성경 한 장을 읽고 아이들과 기도할거예요. 당신이 만일 여기 있다면, 당신은 나와 자녀들들 존중하여, 앉아서 들어야 합니다."

그녀는 남편이 이따금 듣곤 했다고 말했습니다. 처음에 그녀와 자녀들이 기도하려고 무릎을 꿇었을 때는, 그는 그냥 거기 앉아 있었습니다. 그러나 잠시 후에 그도 의자에서 내려와 무릎을 꿇곤 했습니다.

그녀로 하여금 자기 입장을 고수하게 하신 하나님께 감사드립니다! 내가 알기로, 그녀의 자녀들은 모두 그리스도인이었습니다. 그리고 누군가 말해 주기를, 나중에 조는 늙어서 60세가 다 되었을 때 구원받았다고 합니다.

어떤 식으로든 마귀와 타협해서는 안 됩니다! 이런 일에는 균형이 필요합니다. 남편은 주님의 계명 가운데 어떤 것도 철회할 수 없습니다. 그는 아내의 양심을 지배하는 주인이 아닙니다. 주 예수 그리스도가 주인이십니다.

만일 남편이 아내의 그리스도에 대한 참된 헌신을 참지 못할 것이라면, 그녀는 심지어 남편을 잃어버리는 값은 치른다 할지라도 자기의 신념에 충실해야 합니다.

고전 7:15
혹 믿지 아니하는 자가 갈리거든 갈리게 하라 형제나 자매나 이런 일에 구애 될 것이 없느니라 그러나 하나님은 화평 중에 너희를 부르셨느니라

복종

벧전 3:1-7 (웨이머스 역)
1 결혼한 여자들이여 이와 같이 자기 남편에게 순종하라 이는 혹 말씀을 믿지 않는 자라도 말이 아니라 그 아내의 평소 생활로 인해 구원을 받게 하려 함이니
2 너희의 순결하고 경건한 평소 생활을 봄이라
3 너희는 머리를 꾸미고 금제 보석을 차고 가지각색의 옷을 입는 것으로 외모 단장을 하지 말고
4 오직 내적인 본성의 아름다움 즉 관대하고 화평한 심령의 썩지 아니할 장식으로 단장하라 이는 하나님 앞에 참으로 값진 것이니라
5 전에 하나님께 소망을 두었던 거룩한 여인들도 이처럼 자기의 남편에게 순종함으로 자기를 단장하였나니

6 사라는 아브라함을 주인이라 칭하여 순종한 것 같이 너희도 옳은 일을 행하고 어떤 두려운 일도 허용하지 아니하면 사라의 딸이 된 것이니라

7 남편들이여 이와 같이 아내와 동거하되 그가 너희보다 더 연약하다는 사실을 분명히 인식하라 하나님께서 거저 주시는 생명의 선물을 함께 받을 자이므로 그들을 귀히 대하라 이는 너희 기도가 막히지 아니하게 하여 함이라

1 Married women, in the same way, be submissive to your husbands, so that even if some of them disbelieve the word, they may, apart from the word, be won over by the daily life of their wives.

2 after seeing your daily lives so chaste and reverent.

3 Yours ought not to be outward adornment of plaiting the hair, putting on jewels of gold, or wearing various dresses.

4 but an inward beauty of nature, the imperishable ornament of a gentle and peaceful spirit, which is indeed precious in the sight of God.

5 For this is how of old the holy women who set their hopes upon God used to adorn themselves, being submissive to their husbands.

6 Thus Sarah obeyed Abraham, calling him master. And you have become Sarah's children if you do right and permit nothing whatever to terrify you.

7 Husbands, in the same way, live with your wives with a clear recognition of the fact that they are weaker than you. Yet, since you are heirs with them of God's free gift of Life treat them with honour; so that your prayers may be unrestrained.

신약성경에서 "복종(순종)하다submit, be subject to", "복종할지어다submit yourselves"로 번역된 헬라어 단어는 후포타소hupotasso입니다. 이 단어는 베드로전서 3:1에서 사용되었으며, 또한 서로에게 복종하는 그리스도인들에게 관해 언급하는 다른 곳에서도 사용되었습니다.

바울은 고린도전서 16:16에서 이 단어를 사용합니다. "이같은 사람들과 또 함께 일하며 수고하는 모든 사람에게 순종하라" 그리고 에베소서에도 사용했습니다. "그리스도를 경외함으로 피차 복종하라 아내들이여 자기 남편에게 복종하기를 주께 하듯 하라"(엡 5:21-22).

이는 어떤 종류의 복종을 의미합니까? 바울은 결코 형제들이 서로에게 노예가 되어야 한다는 뜻이 아니라, 논쟁과 말다툼과 분열을 피함으로써 가능한 한 서로를 기쁘게 하려고 노력해야 한다는 뜻으로 말한 것입니다. 이것이 바로 그가 "복종하라"라고 말할 때 의도한 바입니다.

그것은 사랑의 통치에 대한 사랑의 복종입니다.

04
여자는 교회에서 침묵을 지켜야만 하는가?

여자는 교회에서 잠잠하라 그들에게 말하는 것을 허락함이 없나니 율법에 이른 것같이 오직 복종할 것이요
만일 무엇을 **배우려거든** 집에서 자기 남편에게 물을지니 여자가 교회에서 말하는 것은 부끄러운 것이니라
하나님의 말씀이 너희로부터 난 것이냐 또 너희에게만 임한 것이냐

고전 14:34-36

앞에서 언급했듯이, 헬라어 원어에는 "남자"를 뜻하는 단어가 단 하나만 있고 남편이라는 단어는 없으며, "여자"를 뜻하는 단어도 단 하나만 있고 아내라는 단어는 없습니다. 그러므로 어떤 본문이 **여성 일반**에 관해 말하는지 아니면 특별히 **아내**에 대해서 말하는지 문맥에서 결정해야 합니다.

예를 들어 34절은 모든 여자에 대한 이야기가 아닙니다. 그럴 수가 없습니다, 왜냐하면 그 다음 절에서 "만일 무엇을 배우려거든 집에서 자기 **남편**에게 물을지니"라고 말하기 때문입니다. 모든 여자에게 남편이 있는 것은 아닙니다. 결혼하지 않은 여자는 확실히 이 구절에 포함되지 않습니다. 구네gyne라는 헬라어는 여기에서 "아내들"이라고 번역되어야 합니다. "아내들은 교회에서 잠잠하라"

A S. 워렐은 이 구절들을 이렇게 번역했습니다. "아내들은 회중 안에서 잠잠하라 그들이 말하는 것이 허락되지 않나니 율법에 말한 것같이 복종할 것이요 만일 무엇을 배우려거든 집에서 자기 남편에게 물을지니 이는 아내가 회중 안에서 말하는 것은 부끄러운 것이기 때문이라(Let wives keep silence in the assemblies; for it is not permitted them to speak, but let them be in subjection, as also says the law. And, if they wish to learn anything, let them ask their own husbands at home; for it is a shame for a wife to speak in an assembly)".

이 주제에 관한 다른 유명한 성경 구절은 우리가 처음 보았던 구절들과 매우 흡사합니다.

딤전 2:11-15
11 여자는 일체 순종함으로 조용히 배우라

12 여자가 가르치는 것과 남자를 주관하는 것을 허락하지 아니
하노니 오직 조용할지니라
13 이는 아담이 먼저 지음을 받고, 하와가 그 후며
14 아담이 속은 것이 아니고 여자가 속아 죄에 빠졌음이라
15 그러나 여자들이 만일 정숙함으로서 믿음과 사랑과 거룩함
에 거하면 그의 해산함으로 구원을 얻으리라

우리의 본문 구절에 대해서 이런 것들을 기억한다면 이해하는 데 도움이 될 것입니다. (1) 바울은 모든 여성이 아니라, **아내**들에 대해서 이야기하고 있습니다. (2) 그는 **무언가를 배우는 것과 질문하는 것**에 대해 언급하고 있습니다(고전 14:35, 딤전 2:11).

지네gyne라는 헬라어를 "여성"보다는 "아내"로 번역하면, 이 구절들이 이해될 것입니다. 디모데서에서 바울은 아담과 하와, 남편과 아내에 대해 언급합니다. 즉 그는 남편과 아내라는 주제를 다루고 있습니다.

알다시피 일반 여성들이 남자들에게 명령을 하거나 지배를 하거나 권위를 빼앗을 위험은 없습니다. 그러나 **아내**들은 자기 남편들에게 모욕을 주기도 한다고 합니다. 그래서 바울은 아내는 남편에게 명령하거나 그의 권위를 빼앗아서는 안 된다고 말하고 있습니다.

그 당시 여성들은 교육을 거의 또는 전혀 받지 못했습니다. 바울은 아내들이 무언인가 **배우고자** 한다면 집에서 남편에게

물어보라고 충고했습니다. 바울은 이렇게 남자가 여자보다 더 잘 안다는 것을 암시하고 있습니다.

아, 안타깝게도 이는 오늘날에도 언제나 진실인 것은 아닙니다. 많은 여성들이 자기 남편들이 줄 수 있는 대충 설익고 치명적으로 잘못된 사상에 의지한다면, 그들은 우리의 거룩한 믿음의 원칙에 무지한 채 절망 가운데 죽어갈 것입니다.

성경 해석의 원칙

모든 성경 구절은 그 동일한 주제에 대해 말하는 다른 구절에 비추어 해석해야 합니다. 이는 반드시 다른 모든 성경 구절과 조화를 이루어야 합니다.

성경 해석에 대한 이 원칙을 몰라서 많은 오류가 생겨났습니다. 그래서 사람들이 이 주제에 뿐 아니라 다른 많은 주제에 관해 어려움에 빠진 것입니다. 우리의 본문 구절에 대한 해석은 반드시 다른 모든 구절과 조화를 이루어야 합니다.

해석의 원칙을 무시하고 성경 구절을 문맥에서 떼어, 무엇이든 당신이 원하는 바를 말하게 할 수도 있습니다.

잠시 동안 위대한 하나님의 증인이었으며 또한 다른 이에게 축복이 되었던, 아름다운 사랑의 영을 갖고 성령으로 침례 받은 몇몇 훌륭한 사람들이 있어왔습니다. 그러나 그들은 다른 구절들에 비추어 성경을 해석하지 않았기 때문에, 오류에 빠졌습니다.

그런 한 사람이 나에게 하나님께서 어떻게 자기에게 위대한 계시를 주셨는지에 대해 말했습니다. (계시가 하나님의 말씀과 일치한다면, 문제가 없습니다. 그러나 일치하지 않는다면, 그냥 잊어버리십시오.) 그는 누구도 알지 못하는 위대한 계시를 받았다고 생각했습니다. 그러나 우리들 중 어떤 이들은 대단히 오랫동안 오순절파에 속해 있었으며, 때로 어떤 것들이 일어나고 또 쇠락하는 것을 보아 왔습니다.

그가 받았다는 계시가 바로 그런 경우였습니다. 그들은 거기에다 회복, 영원한 회복, 궁극적인 화해 등 여러 가지 멋들어진 이름들을 갖다 붙이곤 했습니다. 본질적으로 그 계시의 내용은 모든 것이 회복 될 것이고 모든 사람들이 구원받게 될 것이라는 것이었습니다. 그런 류의 한 단체는 심지어 악령과 마귀까지 구원받게 될 것이라고 가르쳤습니다. 그리고 그들은 본인들이 그런 내용이라고 생각하는 몇몇 성경 구절들을 뽑아냈습니다.

같은 계시를 가진 다른 한 남자는 자기가 "성경에서 찾아낸 것"들을 말하면서 매우 흥분했습니다. 그가 내쉬는 입김을 맡고 나는 그가 술을 마신 것을 알 수 있었고, 그는 말하는 동안 저주하고 또 하나님의 이름을 헛되이 사용하곤 했습니다. 그는 이렇게 말하면서 행복해하고 웃었습니다. "우리 목사님이 설교하는 것도 그렇고 제가 성경에서 찾은 바에 따르면, 모든 사람들이 구원받는다는 것은 사실입니다. 당신이 거기에 어떤 영향도 미치지 못합니다. 놀랍지 않나요! 아시다시피, 성경은 하나님께는 모든 것이 가능하시다고 말씀하지요. 그리고 성경은 하나님은 누구도 멸망에 이르기를 원하지 않으신다고 말씀합니다. 하나님께는 모든 것이 가능하지요?"

"그렇습니다." 내가 대답했습니다.

"하나님은 전지전능하시지요? 모든 지혜가 되시지요?"

"그렇습니다."

"그분은 무엇이든 하실 수 있지요?"

"그렇습니다."

"자, 그분께서 어떤 사람도 멸망에 이르기를 원치 않으신다고 분명히 말씀하셨기 때문에, 아무도 멸망치 않을 것입니다. 모든 사람이 구원받을 것입니다! 이 사실을 발견한 이후로 저는 너무나 흥분됩니다!"

사람들을 구원받게 하고 성령 침례도 받게 하면서 수년간 참된 사역을 했던 어떤 순복음 사역자도 같은 오류에 빠졌습니다. 그는 이렇게 말했습니다. "몇 년간, 저는 하나님을 저주하면서 죽었던 알코올중독자 우리 삼촌이 지옥에 갔다고 생각했습니다. 그러나 이제 저는 삼촌이 천국에 가셨다는 것을 발견했습니다. 하나님은 누구도 멸망에 이르기를 원치 않으시며 전능하신 분이기 때문에, 우리 삼촌은 구원받았습니다. 나는 몇 년 전에 삼촌에 그리스도를 영접하는 것에 대해 말씀드리곤 했었지만, 그분은 저를 저주하고 돌려보내셨어요. 삼촌은 결코 그리스도를 고백하지 않으셨지요. 그러나 이제 나는 삼촌께서 영광의 세계로

곧장 들어가셨다는 것을 압니다."

그들이 성경 구절을 올바르게 사용한다고 볼 수 있습니까? 하나님께는 모든 것이 가능합니다(마 19:26, 막 10:27). 하나님은 아무도 멸망하지 않기를 원하십니다(벧후 3:9). 하나님께서 모든 것을 하실 수 있습니까? 그분은 전능하십니까? 물론입니다! 그러나 그들은 장광설을 늘어놓으면서 이 성경 구절들을 성경 다른 구절들과 조화시키지 못했습니다.

주 예수 그리스도께서는 어떤 사람들은 구원받지 못할 것이라고 말씀하셨습니다. "또 이르시되 너희는 온 천하에 다니며 만민에게 복음을 전파하라 믿고 세례를 받는 사람은 구원을 얻을 것이요 믿지 않는 사람은 정죄를 받으리라"(막 16:15-16).

아닙니다, 궁극적인 화해에 대한 극단적인 가르침은 잘못되었고 마귀적이고 오해를 불러일으키며 그리스도의 몸에 손상을 가합니다. 나는 이것을 하나의 예증으로 사용한 것입니다.

여성에 대한 문제로 돌아가서, 당신도 이 문제에 대해 똑같은 실수를 할 수 있음을 아시겠습니까? 어떤 남자가 자신이 집착하고 있던 성경의 구절을 가지고 자기주장을 하려고 했을 때, 나는 그에게 성경 다른 구절을 지적해 주었습니다. 그는 말했습니다. "물론 몇 가지 예외들이 있겠지요. 그러나 이렇게 해석하는 것이 하나님께서 원하시는 방식입니다." 아닙니다! 만일 어떤 해석이 다른 모든 성경 구절들과 조화를 이루지 못한다면, 그 해석은 잘못된 것입니다.

고전 11:5
무릇 여자로서 머리에 쓴 것을 벗고 기도나 예언을 하는 자는 그 머리를 욕되게 하는 것이니 이는 머리를 민 것과 다름이 없음이라

여기에서 바울은 교회 안에서 기도와 예언을 하는 여자들에 대해 이야기하고 있습니다. 어떤 사람들은 예언하는 것은 곧 설교하는 것을 뜻한다고 생각합니다. 그리고 그것은 실제로 설교의 한 측면입니다. 설교하다가 하나님의 영의 영감 아래 무언가를 말한다면, 당신은 바로 예언을 하고 있는 것입니다. 그렇다면, 바울은 – 특별히 성령의 영감 아래 적고 있으면서 – 여자들이 기도와 예언을 (또는 심지어 설교도) 할 수 있다고 11장에서 말하고, 14장으로 넘어가서는 그들에게 조용히 하라고 말할 만큼 비논리적인 사람일까요?

행 2:16-18
16 이는 곧 선지자 요엘을 통하여 말씀하신 것이니 일렀으되
17 하나님이 말씀하시기를 말세에 내가 내 영을 모든 육체에 부어 주리니 너희 자녀들은 예언할 것이요 너희의 젊은이들은 환상을 보고 너희의 늙은이들은 꿈을 꾸리라
18 그 때에 내가 내 영을 내 남종과 여종들에게 부어주리니 그들이 예언할 것이요

오순절이 되기 수백 년 전에, 선지자 요엘은 그에 대해 예언

하셨습니다. "그 후에 내가 내 영을 만민에게 부어 주리니…" (욜 2:28). 베드로는 오순절 날에 대해 "이것이 바로 선지자 요엘의 예언이 성취된 것"이라고 말했습니다. 우리는 오늘날 여전히 그 시대, 즉 성령의 시대를 살고 있습니다. 하나님께서는 자신의 영을 남자뿐 아니라 여자로 포함한 모든 **육체** 위에 부어 주셨습니다. "너희의 자녀들은 예언할 것이요your sons and your daughters shall prophesy". 아들뿐만 아니라 딸들도 예언할 것입니다.

젊은 침례교 사역자였던 내가 처음 순복음 사람들과 교제했을 때 우선 신유에 대해서 나누었습니다. 비록 그들이 가르치는 다른 것에 대해서는 어느 정도 귀를 닫았지만, 나는 그들이 내가 아는 다른 어떤 교회들도 가지지 못한 신유에 대한 계시를 가졌음을 알았습니다. 나는 하나님의 권능으로 치유를 받은 적이 있었고, 혼자 믿음으로 서 있었습니다. 그래서 내가 이 사람들을 찾았을 때, 그들과의 교제는 나에게 힘을 주었습니다. 침례교 목사였던 나는 내가 갈 수 있는 모든 순복음 예배에 참석하곤 했습니다.

침례교 동료들 중 몇몇은 이 오순절 사람들을 반대하면서 내게 조심하라고 했습니다. 특히 내가 평생 알고 지낸 한 신학대학원 졸업생이 어느 날 밤, 몇 시간 동안 그에 대해 토론하던 중 나에게 말했습니다. "케네스, 순복음 사람들 주변에 가는 것을 조심하십시오. 나는 그들이 좋은 사람이라는 사실을 인정합니다. 그리고 나는 그들이 대부분의 우리 교단 사람들보다 더 엄격하고 정직하게 산다는 것도 인정합니다. 하지만," 그가 경고했습니다. "방언을 말하는 건 마귀에게서 온 것입니다."

"그런가요?"

"그렇다니까요."

내가 말했습니다. "그런데 말이에요, 마귀가 준 것이 사람들로 하여금 더 나은 삶을 살도록 도와준다는 것이 내게는 좀 이상해 보입니다. 마귀가 하는 일은 사람들을 더 좋게 만드는 게 아니라 더 나쁘게 만드는 것입니다. 이게 내가 그게 옳은 것인지 확인할 수 있는 방법입니다."

(그 때 나는 방언에 대해 지금만큼 이해하지는 못했지만, 그의 말은 내가 방언을 못하게 하는 대신, 그것이 반드시 좋은 것임을 깨닫게 해 주었습니다.)

그는 계속해서 말했습니다. "오순절 사람들은 분명히 틀렸습니다."

"왜요?" 내가 물었습니다.

"거긴 심지어 **여자 설교자**도 있습니다."

"그래요?"

"그렇습니다. 거기에선 여자들이 가르치고 간증하고, 교회 예배 때는 눈에 띄는 중요한 역할을 맡도록 하고 있습니다."

"그래요?"

"그렇습니다, 여자들이 설교하거나 앞장서는 건 뭐든 잘못된 것입니다. 성경에서 '여자는 교회에서 잠잠하라'라고 하지 않습니까."

"우리 교회 여성도들은 그렇지 않습니다."

그가 말했습니다. "우리는 여성도들이 교회에서는 말고, 주일학교 건물에서만 가르치게 하고 있습니다."

"그건 좀 웃기네요!" 내가 말했습니다. "그건 정확히 예수님께서 유대인의 행동을 두고 지적하신 바입니다. 유대인들은 '여기 제단 주변의 성전은 거룩하고, 나머지는 거룩하지 않다. 그러므로 바깥에서는 원하는 것을 할 수 있다. 당신은 바깥에서 양을 팔고 사람들을 속일 수 있다.' 고 말했지요. 하지만 예수님은 채찍을 들고 돈 바꾸는 사람들을 쫓아내셨습니다."

나는 계속해서 말했습니다. "그 주일 학교가 있는 별관도 성전만큼 거룩합니다. 그뿐 아니라, 교회가 이루어지는 것은, 두세 사람이 모이는 그 곳이 교회가 되는 것입니다. 건물이 아닙니다. 건물은 단지 만나는 장소일 뿐입니다."

(신약의 교회는 어떤 건물에 한정되는 것이 아닙니다. 다른 이들과 마찬가지로 바울도 몇 번에 걸쳐서 누군가의 집에 모인 교회에 대해 기록했습니다. 당신은 야외에서, 헛간 다락에서, 시내의 작은 전도단으로서, 천막 안에서, 또는 큰 예배당 안에서 교회를 이룰 수 있습니다.)

내가 침례교에 속해 있었기 때문에 나는 이 성경 교사가 "예언"하는 것은 설교하는 것이라 생각한다는 것을 알았습니다. 그리고 내가 말했듯이 그 안에는 진리의 요소가 있습니다. 그러나 모든 예언이 설교는 아니며, 모든 설교가 예언인 것도 아닙니다. 그러나 나는 성경에서 "예언하는 것"이 나오면 그는 그것을 곧 설교라는 것이라고 생각한다는 것을 알았습니다. 그래서 내가 말했습니다. "베드로는 오순절에, 이 시대에는 아들과 딸들이 모두 예언할 것이라는 요엘의 예언을 인용했습니다. 예언하는 건 곧 설교하는 것 아닙니까? 그런데 여자들이 설교하는 게 잘못된 건가요?"

그가 말했습니다. "어… 어… 좀 더 생각을 해봐야겠군요."

내가 말했습니다. "이야기가 나온 김에, 몇 가지 더 말하겠습니다. 우리는 여자 선교사를 파송하고, 그 여선교사님들은 외국에서 가르치고 설교도 하십니다. 그분들은 아이들은 물론이고 여자들과 남성들을 가르치시고요. 우리 교단의 어떤 선교 잡지는 최근에 남성이 없는 한 선교 본부에 관해서 말했습니다. 한 여성이 그곳을 앞장서서 이끌고 있지요. 정말이지 그분은 지역 교회라고 부를만한 것을 책임지고 계시고, 우리는 그걸 승인했습니다.

그런데 제가 그분들에게 '숙녀 여러분, 여러분은 여기에서 말할 수 없습니다. 여러분은 주요 모임에서도 말할 수 없습니다. 우리는 여러분을 성직에 임명하지 않을 것입니다. (어떤 이들은 이미 성직에 임명되었습니다. 이것은 40여 년 전입니다.) 여러분은 조용히 계셔야 합니다. 그러나 우리는 여러분의 인생에 있어 하나님의 부르심을 인정하기 때문에, 여러분을 선교현장으로 파송합니다. 여기서는 여러분이 남자에게 가르치거나 설교할 수 없지만, 거기서는 가능합니다.' 라고 말한다면 모순된 일일 것입니다. 그러고선 우리는 그분들을 가장 힘든 최전선에 보내지 않습니까." 나는 물었습니다. "도대체 거기서 이교도들에게 설교하는 것과 여기서 이교도들에게 설교하는 것과 무엇이 다릅니까?"

> 행 1:13-14
> 13 들어가 그들이 유하는 다락방으로 올라가니 베드로 요한 야고보 안드레와 빌립 도마와 바돌로매 마태와 및 알패오의 아들 야고보 셀롯인 시몬 야고보의 아들 유다가 다 거기 있어
> 14 **여자들과** 예수의 어머니 마리아와 예수의 아우들과 **더불어** 마음을 같이 하여 오로지 기도에 힘쓰더라

예루살렘의 다락방에는 남녀 모두 120명이 함께 모였습니다. 오순절 날이 찼을 때, 성령께서 그들 위에 임하시자 그들 **모두**는 충만케 되고 큰 소리로 방언을 말했습니다. 그 오순절 아침은 여자들이 잠잠히 있지 않았지만 영광스러운 아침이었습니다!

누군가는 이렇게 말할 수 있습니다. "그래요. 하지만 그것은 다락방에서였습니다."

그들은 여러분이 어느 강당에서 교회를 이루는 것과 똑같이 그곳에서 교회를 이루었습니다. 교회를 이루는 것은 그 방이

아닙니다. 함께 모여 기도하고 하나님을 경배한 각 사람들이 교회를 이룬 것입니다. 설령 그것이 당신의 거실 안이라고 할지라도 말입니다.

고넬료의 집에서도 분명히 여자들이 있었습니다. 일어난 일에 대한 베드로의 기술에서 그는 하나님으로부터 온 한 천사가 고넬료에게 어떻게 그에게 나타나서 말했는지를 이야기합니다. "그가 우리에게 말하기를 천사가 내 집에 서서 말하되 네가 사람을 욥바에 보내어 베드로라 하는 시몬을 청하라 그가 너와 네 온 집이 구원받을 말씀을 네게 이르리라"(행 11:13-14).

고넬료의 식구들에는 남자만 있는 것이 아닙니다. 거기에는 그의 아내, 아들들, 딸들이 다 있었습니다. 그리고 베드로가 그곳에 왔을 때, 그들은 교회를 이루었습니다. 비록 그들의 집안이었다 해도, 그들은 교회를 이루고 있었습니다. 하나님의 말씀이 전파되고 있었기 때문입니다.

> 행 10:44-46
> 44 베드로가 이 말을 할 때에 성령이 말씀 듣는 모든 사람에게 내려오시니
> 45 베드로와 함께 온 할례 받은 신자들이 이방인들에게도 성령 부어 주심으로 말미암아 놀라니
> 46 이는 방언을 말하며 하나님 높임을 들음이러라

그들이 남자들이 말하는 것만 들었고, 여자들은 침묵을 지키고

있었다고 말하지 않는 것에 주목하십시오. 베드로는 가족 구성원 전체에게 말씀을 전하기 위해 보냄을 받았고, 성령께서는 말씀을 듣는 **모든** 사람들에게 임하셨기 때문에, 우리는 남자뿐 아니라 여자도 다른 방언으로 크게 말하고 하나님을 높여드렸다고 결론지을 수 있습니다.

예언한 여자들

하나님의 성령이 예수님의 모친인 마리아와 요한의 모친인 엘리사벳과 그리고 여선지자 안나에게 임하셨을 때, 그들은 침묵을 지키고 있지 않았습니다. 그들은 말했습니다.

눅 1:39-42
39 이 때에 마리아가 일어나 빨리 산골로 가서 유대 한 동네에 이르러
40 사가랴의 집에 들어가 엘리사벳에게 문안하니
41 엘리사벳이 마리아가 문안함을 들으매 아이가 복중에서 뛰노는지라 엘리사벳이 성령의 충만함을 받아
42 큰 소리로 불러 이르되…

하나님의 성령이 엘리사벳에게 임하였을 때, 그녀는 큰 소리로 말하고 예언하기 시작했습니다. 주님께서 그녀에게 메시지를 주셨던 것입니다. 하나님의 성령이 마리아에게 임하였을 때,

그녀는 누가복음 1:46-55에 기록되어 있는 아름다운 예언을 선포했습니다.

누군가는 이렇게 말할 것입니다. "그래요, 그러나 그건 집에서 한 겁니다. 집에서는 괜찮습니다."

당신의 가정에서, 거실에서, 또는 교회 건물 안에서 사람들이 하나님을 예배하고 성령께서 운행하실 때, 여러분은 교회를 이루게 됩니다. 그리고 하나님의 영이 운행하실 때, 하나님의 입장에서는 정말이지 남자든 여자든 문제가 되지 않습니다. 만일 성령께서 어떤 여자에게 임하신다면 나는 그녀에게 잠잠하라고 말하지 않을 것입니다, 당신도 그렇습니까? 만일 그녀가 설교를 하고 있다면 나는 그녀에게 그만하라고 말하지 않을 것입니다, 당신도 그렇습니까? 그만 두게 한다면 하나님의 은혜를 경멸하는 것입니다.

> 눅 2:36-38
> 36 또 아셀 지파 바누엘의 딸 안나라 하는 선지자prophetess가 있어 나이가 매우 많았더라 그가 결혼한 후에 일곱 해 동안 남편과 함께 살다가
> 37 과부가 되고 팔십사 세가 되었더라 이 사람이 성전을 떠나지 아니 하고 주야로 금식하며 기도함으로 섬기더니
> 38 마침 이 때에 나아와서 하나님께 감사하고 예루살렘의 속량을 바라는 모든 사람에게 그에 대하여 말하니라

성경은 안나를 선지자prophet의 여성형인 여선지자Prophetes

라고 부릅니다. 안나는 우리가 하나님의 집이라고 일컫는 곳에서 말하고 있습니다.

바울은 분명히 여성들이 성령으로 말미암아 받은 메시지들을 말하는 것을 금하지 않았습니다. 주님께서 "너희 자녀들sons and daughters은 예언할 것이요."라고 말씀하셨기 때문입니다. 바울은 "너희의 딸들은 예언하지 못할 것이요"라고 말함으로써 주님의 명령을 철회할 수 없었습니다. 그렇지 않겠습니까? 그리고 다른 어떤 남자들도 철회할 수 없는 것입니다.

나는 바울이 "아내가 남편을 가르치거나 주관하는 것을 허락하지 아니하노니"라고 말하는 것임을 확신합니다. 그러나 만일 남편이 그리스도인이 아니라면, 그는 아내에게 가르쳐야 할 것을 알지 못할 것이며, 그래서 아내가 그를 가르쳐야 할 수도 있습니다. 심지어 그녀는 실제로는 자기의 것이 아닌 권위를 취해야 할 지도 모릅니다. 왜냐하면, 자녀들은 집에서 가르침을 받아야할 필요가 있기 때문입니다. 만일, 남편이 자신의 본분을 다하지 않고 자녀들과 함께 성경을 읽고 기도하지 않는다면, 아내가 그렇게 해야 하는 것입니다. 그리고 그녀는 그렇게 함으로써 하나님께 불순종을 하는 것이 아닙니다.

그러나 지금 성경이 "여자가 가르치는 것을 허락하지 아니하노니"라고 번역한 대로 인정한다 해도, 당시 로마 제국의 그 지역에서는 여자가 가르치는 것이 바람직한 일이 아니었을 것입니다. 하지만 오늘날에는, 여자가 교회 예배에서 조용히 해야 한다는 입장을 강력히 고수하는 사람들조차 그 여자들이 주일 학교나 일반 학교에서 가르치는 것은 충분히 인정합니다.

어떤 이들은 말합니다. "하지만 바울은 여자들이 남자들을 가르치면 안 된다고 말한 것입니다."

브리스길라와 아굴라는 바울의 동료였으며 바울은 그들을 기뻐하였습니다. 그리고 여자인 브리스길라는 아볼로를 가르쳤습니다.

> 행 18:26
> 그(아볼로)가 회당에서 담대히 말하기 시작하거늘 브리스길라와 아굴라가 듣고 데려다가 하나님의 도를 더 정확히 풀어 이르더라

"한 명의 남자를 가르치는 건 괜찮습니다." 누군가가 이렇게 주장할 수도 있을 것입니다.

남자 한 명을 가르치는 것이 괜찮다면, 열두 명을 가르치는 것도 괜찮습니다. 이는 1달러를 훔치는 것은 괜찮고 5달러를 훔치는 것은 잘못되었다고 주장하는 것과 같습니다.

"좋아요, 그들은 어디에서든 가르칠 수 있습니다. 교회만 빼고요."

누가 그렇게 말했습니까? 그들은 교회를 이루었습니다. 세 사람이 주님의 이름으로 모였습니다. 예수님은 그들이 어디서 모여야 하는지에 대해서 명확히 기술하지 않으셨습니다.

시 68:11
주께서 말씀을 주시니 소실을 공포하는 여자들은 큰 무리
company더라

이것은 하나님의 예언적인 시편입니다. 이 구절은 좋은 소식인 복음과 우리가 살고 있는 시대에 대해서 언급하고 있습니다. "무리company"로 번역된 히브리어 단어는 본래 여성을 가리키는 말입니다. 즉 이 단어의 성별이 여성형인 것이 아니라 이 단어 자체가 "여성들"이라는 뜻으로서, 이는 여성의 사역을 반대하는 몇 사람들에게 골칫거리가 되어 왔습니다.

히브리 원어를 직역한 아이작 리저 번역이 어떻게 해석하는지 봅시다.

시 68:11 (리저 역)
주님께서 (행복한) 소식을 주시니 수많은 여성 사자들이 이를 공포하더라
The Lord gave (happy) tidings : published by female messengers, a numerous host.

결국은 예수님 부활의 좋은 소식을 가서 말한[**설교하고 전파한다**to preach는 것은 곧 **가서 말한다**to go tell는 뜻입니다] 첫 번째 사람은 여자였습니다. 예수님은 그녀에게 말씀하셨습니다. "가서 말하라" 그들은 그 이후로 줄곧 그 사실을 말하고 있으며, 또한 계속해서 말해야만 합니다.

여성들은 부르심에 응답해야 하는가?

이렇게 묻고 싶은 분들이 계실 것입니다. "당신은 여성들이 복음 사역에 전임으로 안수 받는 것을 승인하시겠습니까? 여자들이 사도, 선지자, 복음전도자, 목사, 교사의 직분을 잘 채울 수 있을까요?"

우리는 성경이 여선지자라고 일컬었던 안나에 대해 읽었습니다. 그녀가 예언했다고 말하지는 않았지만, 성경은 그녀를 선지자라고 부릅니다. 거기에는 차이점이 있습니다.

개인적으로 나는 (이것은 제 견해입니다) 여성들이 교회에서 그런 직분들을 수행한다고 해서 어떤 해악이 있는 것은 보지 못했습니다. 그러나 나는 여자가 목사 직분에 서는 것은 좀 더 어려울 것이라고 봅니다. 그러나 하나님께서는 여성들을 그 자리에 쓰셨습니다.

하나님의 성회에서 수년 간 사역자 및 복음전도자로 안수 받았던 나의 나이 지긋한 한 친구는 우리 부부에게 다음과 같은 경험을 이야기해 주었습니다.

그녀는 말했습니다. "우리는 집 뒤편에 아주 조그마한 공터를 갖고 있었는데, 여름철에 의자 몇 개를 가져다 놓고 야외 공개 집회를 열곤 했어요. 그 도시에서 우리 집 근처에 살던 많은 사람들이 와서 구원을 받았지요. 그리고 그들 대부분을 내가 하나님께로 인도했기 때문에, 우리는 계속 모였고 교회 건물을 지었습니다. 교회가 정말 잘되고 주일 학교가 거의 200명에 달할 때, 우리는 이를 하나님의 성회에 인계했습니다. 사실 나는 나 자신도 여성 목사가 있을 수 있다는 것을 믿지 않았지만, 내가 복음을 전했고 그들이 내 사역 아래서 구원받았기 때문에, 내가 교회를 짓기가 더 쉬웠습니다.

얼마 후에, 제 2차 세계 대전 동안, 하나님의 성회의 지회 감독이 한 가지 요구 사항을 가지고 나를 찾아왔어요. 전쟁 동안 어떤 상황이었는지 기억하시지요, 사람들은 방위 공장에서 일하기 위해 작은 도시에서 더 큰 도시로 이주해 갔습니다. 그는 내게 말했습니다. '우리는 여기에 새로운 교회 건물을 갖게 되었는데, 거의 모든 회중이 이사를 가버렸습니다. 얼마 안 되는 사람들만 남았고, 그들은 목사를 부양하거나 돈을 낼 수가 없어요. 지회에서 경비를 지불하지 않으면 건물을 잃게 될 것 같습니다. 그 교회를 맡으시겠습니까?"

이 부부는 보험업에 몸담고 있었고, 수입이 있었습니다. 그녀는 생계를 위해 교회에 의지하지 않아도 되었으므로, 그에게 이렇게 말했습니다. "이 비상 기간 동안에만 제가 잠시 맡겠습니다. 저는 여자 목사가 있어야 한다고 믿지 않지만, 지회의 형제님들과 내 남편에게 순종하여서 그 교회로 가겠습니다."

그 교회는 그녀의 집에서 멀지 않았습니다. 그녀가 했던 일은 오직 남아 있던 적은 무리에게 설교하는 것이었습니다. 그러나 하나님께서 축복하기 시작하셨고, 교회는 성장하기 시작했습니다. 그녀가 갔을 때는 겨우 열두 명만 있었지만, 이내 건물이 가득 찼습니다. 그리고 그 지회는 경비를 전혀 지불할 필요가 없었습니다.

그녀가 말했습니다. "많은 사람들이 거기서 구원받았지만, 내가 그들에게 침례를 주지는 않았습니다. 이웃의 목사가 와서 그들에게 침례를 주었지요. 나는 장례식에서도 설교하지 않았습니다."

보다시피, 그녀는 성령의 기름 부으심 아래 설교하고 가르쳤고, 하나님께서는 그녀를 사용하셨습니다. 그러나 그녀는 권위를 빼앗거나 어느 누구에게도 명령하지 않았습니다.

지금은 은퇴한 다른 여성사역자가 있는데, 그녀는 하나님께 강력히 쓰임 받은 복음전도자였습니다. 그녀의 남편은 사역자가 아니었고, 건축업자였습니다. 그들이 결혼하기 전에 그녀는 설교하고 있었습니다. 그는 집들을 지어서 꽤 부자가 되었습니다. 그녀는 교회들을 지었습니다. 그녀는 순복음교회가 없는 작은 마을로 가서 천막을 치거나 야외 공개 집회를 열곤 했습니다. 그녀는 잃어버린 영혼들을 구원했습니다. 하나님의 손길이 그녀에게 임했습니다. 수백 명의 사람들이 그녀의 사역을 통하여 구원받았고, 그녀의 사역을 통해 생긴 일곱 개의 교회가 여전히 남아 있습니다.

누군가 이렇게 항의할 수도 있습니다. "그건 죄다 잘못된 것입니다."

만일 그것이 잘못된 것이라면, 나는 하나님께서 그녀가 수백 명의 사람들을 구원하고 일곱 교회를 세운 것을 용서해 주시리라 확신합니다! 그러나 그렇지 않습니다, 잘못된 것이 아닙니다. 그녀는 하나님께 부르심을 받았고 다른 이들이 하지 않는 곳에서 설교할 수 있는 능력이 있었습니다. 그녀가 사역에 들어가자 사람들은 구원받았고 한 교회가 세워졌습니다. 그녀의 남편이 교회를 감독했고 또 다른 교회를 세웠습니다. 그녀는 그 교회가 궤도에 오를 때까지 때로는 1년, 때로는 2년간 머물곤 했습니다. (사도 바울은 때로 한 무리와 3년 동안 머물렀습니다.) 그러고 나서 그녀는 교회를 남자 목사에게 인계하고 계속해서 다른 곳으로 갔습니다.

그녀가 말했습니다. "내가 한 일은 정말이지 오직 설교뿐이었습니다. 우리 교회에는 장로회가 있었는데 남편이 그들을 만났어요. 심지어 집회에 대한 모든 준비도 남편이 맡아서 했지요."

그녀는 어떤 사람에게서도 권위를 빼앗지 않았습니다.

이 주제에 관해 내게는 매우 귀중한 노트의 주인인 P. C. 넬슨 (이 책의 '감사의 말씀'을 보십시오)은 이렇게 말했습니다.

> 나는 보통의 경우 은사를 받은 남자들을 교회나 기관의 수장으로 삼는 것이 최선이라고 믿습니다. 그러나 만일 그런 사람들이 충분히 발견되지 않는다면, 우리는 자매들을 불러서 맡깁니다. 경건한 여성들의 헌신된 노력의 희생에 의해, 남자들의 많은 도움이나 격려 없이 얼마나 많은 훌륭한 사역들이 세워져왔는지를 생각해 보십시오.
>
> 하나님께서 분명히 부르시고 성령의 은사와 자연적인 은사들을 부여한 이런 여성들에게 억압이 가해져야 하겠습니까?

하나님께서 그들을 부르셨는데, 그것을 철회하는 우리는 누구입니까? 하나님께서 그들을 보내시도록 내어 드립시다. 왜냐하면 그분이 바로 그렇게 하신 분이기 때문입니다. 그리고 그분께서 그들을 다시 불러들일 준비가 되셨을 때, 그분으로 하여금 그들을 불러들이시도록 합시다. 어떤 남성들은 자기가 하나님이라고 생각하는 것 같습니다만, 그들은 하나님이 아닐 뿐 아니라 오히려 하나님의 뜻을 발견해야만 합니다.

그리고 나서 넬슨은 이와 같이 훌륭한 충고를 했습니다.

설교하고, 가르치고, 심지어 목사, 복음전도자, 선교사로 섬기시는 우리 자매님들께 우리는 감히 이런 조언을 드립니다. 침례를 베풀 형제를 가능한 때 구하십시오. 그리고 주님께서 당신에게 어떤 자리를 열어 주시든지 만족하십시오. 그리고 그분께서 당신을 그만 두게 하실 때까지, 그곳에서 겸손하고 아름답고 신실하게 그분을 섬기십시오.

05
여자는 교회에서 반드시 그들의 머리를 가려야 하는가?

그러나 나는 너희가 알기를 원하노니 각 남자의 머리는 그리스도요 여자의 머리는 남자요 그리스도의 머리는 하나님이시라
무릇 남자로서 머리에 무엇을 쓰고 기도나 예언을 하는 자는 그 머리를 욕되게 하는 것이요
무릇 여자로서 머리에 쓴 것을 벗고 기도나 예언을 하는 자는 그 머리를 욕되게 하는 것이니 이는 머리를 민 것과 다름이 없음이라
만일 여자가 머리를 가리지 않거든 깎을 것이요 만일 깎거나 미는 것이 여자에게 부끄러움이 되거든 가릴지니라
남자는 하나님의 형상과 영광이니 그 머리를 마땅히 가리지 않거니와 여자는 남자의 영광이니라
남자가 여자에게서 난 것이 아니요 여자가 남자에게서 났으며 또 남자가 여자를 위하여 지음을 받지 아니하고 여자가 남자를 위하여 지음을 받은 것이니

그러므로 여자는 천사들로 말미암아 권세 아래에 있는 표를 그 머리 위에 둘지니라
그러나 주 안에는 남자 없이 여자만 있지 않고 여자 없이 남자만 있지 아니하니라
이는 여자가 남자에게서 난 것 같이 남자도 여자로 말미암아 났음이라 그리고 모든 것은 하나님에게서 났느니라
너희는 스스로 판단하라 여자가 머리를 가리지 않고 하나님께 기도하는 것이 마땅하냐
만일 남자에게 긴 머리가 있으면 자기에게 부끄러움이 되는 것을 본성이 너희에게 가르치지 아니하느냐
만일 여자가 긴 머리가 있으면 자기에게 영광이 되나니 긴 머리는 가리는 것을 대신하여 주셨기 때문이니라
논쟁하려는 생각을 가진 자가 있을지라도 우리에게나 하나님의 모든 교회에는 이런 관례가 없느니라
고전 11:3-16

이 위대한 성경 본문을 성급하게 해석하면, 바울이 여성들로 하여금 언제 어디서나 덮개를 쓰거나 또는 교회 예배에서 머리를 가리도록 명했다고 믿게 됩니다. 오늘날 많은 양심적인 여성들은 이 말씀을 어기지 않기 위해 교회에서 모자를 벗기를 두려워합니다.

문제의 핵심은 전적으로 이 질문에 달려 있습니다. "어디서나 항상 해당되는 것입니까?" 이 구절들을 주의 깊게 살펴보고, 그것이 만일 지금 우리에게 해당된다면, 우리는 순종해야만 합니다.

종교적인 예배에서 여성들이 머리를 가려야 한다는 바울의

주장은 어디에 근거를 두고 있습니까? 우선, 그는 그것이 **불경하다**고 말하지 않습니다. 그는 또한 그것이 **하나님을 거스른다**고도 말하지 않습니다. 그가 그렇게 말했다면, 이 계명으로부터 벗어날 길은 없을 것입니다.

머리를 존중함

이 책의 2장에서 우리는, 남편은 자기 아내의 머리가 된다고 바울이 말한 것에 대해 나누었습니다. 이것이 바울이 한 주장의 근거입니다. 분명히 하기 위해서 웨이머스 번역으로 본문을 다시 한 번 읽어보겠습니다.

> 고전 11:3-7 (웨이머스 역)
> 3 그러나 나는 너희가 알기를 원하노니 각 남자의 머리는 그리스도요 여자의 머리는 그의 남편이요 그리스도의 머리는 하나님이시라
> 4 남자가 기도하거나 예언할 때 덮개를 쓰는 자는 그 머리를 욕되게 하는 것이요
> 5 여자가 기도하거나 예언하면서 머리에 쓴 것을 벗고 하는 자는 그 머리를 욕되게 하는 것이니 이는 머리를 깎은 것과 똑같음이라
> 6 만일 여자가 덮개를 쓰지 않거든 머리카락을 자를 것이요 그러나 머리카락을 자르거나 깎는 것이 여자에게 욕됨이 되므로 덮개를 쓸지라

7 남자는 하나님의 형상과 영광이니 마땅히 그 머리에 덮개를 써서는 안 될 것이며 여자는 남자의 영광이니라

3 I would have you know, however, that of every man Christ is the head, that the head of a woman is her husband, and that the head of Christ is God.

4 A man who wears a veil when praying or prophesying dishonours his head;

5 But a women who prays or prophesies with her head uncovered dishonours her head, for she is exactly the same as a women who is shorn.

6 If a woman will not wear a veil, let her also cut off her hair. But since it is a dishonour to a woman to have her hair cut off or to be shaved, let her wear a veil.

7 For a man ought not to have a veil on his head, since he is the image and glory of God; While woman is the glory of man.

미국에 사는 우리는, 종교적 의식에서 남자들이 머리에 무언가를 쓴다면 도리에 어긋난다는 것을 본능적으로 느낍니다. 나는 어떤 남자가 예배에 들어와서 여전히 모자를 쓴 채로 앉아있으면, 예배 봉사자가 가서 모자를 벗어 달라고 요청하는 것을 줄곧 보아왔습니다.

그러나 유대인들에게는 반대되는 관습이 우세합니다. 유대교 회당에서는 심지어 오늘날에도 남자들이 머리에 뭔가를 쓰도록 합니다.

예루살렘에 있는 무슬림 성지를 방문하였을 때, 우리는 신발을 벗어서 문 앞에 두었습니다. 무슬림 국가들에서 예배하러 온 사람들은 모자는 안 벗어도 신발은 벗습니다. 주님께서는 모세에게 "이리로 가까이 오지 말라 네가 선 곳은 거룩한 땅이니 네 발에서 신을 벗으라"(출 3:5)라고 말씀하셨습니다. 머리에 쓰는 것에 대해서는 아무 말씀도 하지 않으셨습니다.

그렇다면 왜 바울은 머리에 무엇을 **쓴 채로** 기도하거나 예언하는 남자들에게 이의를 제기합니까? 뒤에 확실하게 나오겠지만, 여기에서는 수건이나 덮개의 의미가 눈에 보이게 현존하는 누군가가 그의 "머리"임을 인정하는 것이라고 하면 충분하겠습니다.

바울은 머리에 아무것도 **쓰지 않고** 기도하거나 예언하는 여자는 자기의 "머리"를 욕되게 한다고 말했습니다. 그는 그녀가 하나님을 욕되게 한다고 하지 않고, 그녀의 "머리", 즉 현재 있는 **남편**을 욕되게 한다고 말했습니다.

덮개는 그녀의 남편에 대한 복종의 상징이었습니다. 이는 철저히 여성의 종속적인 사인私人으로서의 위치를 나타내는 표식으로 인식되었으므로, 결혼식에서 덮개를 쓰는 것이 중요한 관습이었습니다.

(마커스 도드는 "그러므로 그리스도인 여성들이 덮개를 벗는 것은 복종과 종속의 위치로부터 벗어나 그리스도의 몸의 지체로 여겨진다는 표현이었다."라고 말했습니다.) (더 자세한 내용은 이 책의 '감사의 말씀'을 보십시오.)

이것은 지금도 여전히 결혼식 때 쓰는 신부의 덮개가 가지는 의미입니다. 그리고 "덮개를 쓰는" 관습은 수녀들에게 아직 남아있습니다.

고린도전서 11:10에서 "권세power"로 번역된 헬라어 단어 엑수시아exousia는 "권위authority", "자유liberty", 그리고 복수형으로는 "권위들authorities", "주권자들potentates" 등으로 다양하게 번역되었습니다. 우리에게는 이상하게 들리는 이 10절을 다른 말로 바꾸어 봅시다. "이런 이유로(8-9절에서 언급한 그 사실들로 인해) 아내는 천사들 때문에 자기의 머리를 가림으로써 자기 남편의 권위의 표를 가져야만 합니다."

여기서 다시 한 번 이야기하자면, 이는 여성의 문제가 아니라 남편과 아내의 문제입니다. 남자는 그리스도에 대한 존중(존경)으로 머리에 아무것도 쓰지 않습니다. 아내는 자기 남편에 대한 존경과 또한 공적인 예배에 임재하면서 어떤 무질서가 있을 때 슬퍼하는 천사들에 대한 존중으로 자기 머리를 가려야만 합니다.

A. S. 워렐(이 책의 '감사의 말씀'을 보십시오.)은 이렇게 말합니다. "천사들은 섬기는 영으로서 그들이 섬기는 곳에 임재한다. … 만약 어떤 여자가 자기의 위치를 벗어나서 남자에 대한 지배권을 취하려 한다면, 그들은 충격을 받게 될 것이다."

성경 시대에는 천사들의 존재와 사역에 오늘날보다 더 많은 관심을 가졌습니다. 우리가 이러한 하늘의 사자들의 존재를 알았다면, 우리의 회중과 기도 모임에 유익한 영향을 주었을 것입니다. 그들은 존재합니다. 하나님의 말씀이 그렇게 말합니다.

침례교도들에게 익숙한 교회 규약the Church Covenant에는 천사의 현존을 인정하는 이런 표현이 있습니다. "우리는 지금 하나님과 천사들의 임재 가운데 행하며, 여기 회중들은 가장 거룩하고 기쁘게 이 언약 안으로 들어갑니다."

사회적 관습을 존중함

다음으로 바울이 여자들로 하여금 머리를 가리고 교회에 나타나게 했던 이유는 사회적 관습에 대한 존중에서 비롯된 것입니다. 16절에서 바울이 "우리에게나 … 이런 관례가 없느니라"라고 언급하는 것에 주목하십시오.

"만일 깎거나 미는 것이 여자에게 부끄러움이 되거든 가릴지니라"(6절). 바울은 여자가 공적인 예배에 머리를 가리지 않은 채로 나타나는 것은 머리를 자르거나 밀어버린 채로 나타나는 것과 똑같은 일에 해당한다고 말하고 있습니다. 그것은 고린도에 널리 퍼져있던 관습에 상반되는 것이었습니다.

마커스 도드는 이에 대해 이렇게 말합니다.

> 그리스인들 사이에서는 여자가 공중 앞에 나타날 때 숄의 모서리로 머리를 감싸서 외투의 모자처럼 머리를 가리는 것이

일반적인 관습이었다. 그리하여 바울은 동양의 나라들에서처럼 얼굴을 가리라고는 하지 않지만, 머리에는 쓰라고 주장한다. 머리를 가리는 이 관습은 사람들의 눈에 띄지 않는 곳에서만 생략될 수 있었다. 그러므로 이는 격리의 표식으로 인식되었다. 이는 그녀는 공인公人이 아니라, 바깥이 아닌 집 안에서와 도시가 아닌 가정에서 임무를 갖는 사인私人임을 분명히 나타내는 표식이었다. 남녀 모두에게 덮개는 여성의 지위에 대한 가장 참되고 가장 소중한 상징으로 여겨졌다.

오늘날 우리가 사는 곳에서는 이런 관습이 없습니다. 만일 어떤 여성이 공중 모임에서 머리에 덮개나 두건을 쓴다고 해서, 그녀가 더 겸손하게 보이지는 않습니다. 바울 시대의 고린도에는 덮개를 쓰는 것이 여성의 진정한 겸손함이었듯이, 오늘날에는 솔직하고 내세우지 않는 태도, 솔직한 표정, 신실한 눈매 등이 여성의 겸손함으로 여겨집니다.

정숙한 기혼 여성들은 머리에 자기 남편에 대한 순종의 표식을 달았습니다. 바울 시대의 고린도에서 여자가 머리에 아무것도 쓰지 않고 교회에 나타났다면 교회에서 물의를 빚었을 것입니다. **방문객들은 그런 여자는 그 도시의 부도덕한 여자라고 생각했을 것입니다!** 그런 행동은 그녀 자신과 그녀의 남편에게 불명예를 초래하곤 했습니다. 이는 그녀의 머리인 남편을 욕되게 하는 일이었습니다.

미국의 관습들

우리 미국에도 사회적인 법과 관습이 있습니다. 1900년대에서 2000년대로 넘어오는 세기의 전환점에 바로 이곳 북미의 대부분의 교회에서 남자들은 한 쪽에 앉고, 여자들은 다른 쪽에 앉는 관습이 있었습니다.

나는 거의 50년 동안 사역에 몸담아 왔고, 수년 전에는 여전히 이 관습이 강하게 남은 교회들에서 설교했습니다. 남자는 감히 여자들 쪽에 앉지 않았습니다. 여자도 감히 남자들 쪽에 앉지 않았습니다. 그것이 그들의 관습이었습니다. 그리고 당신도 관습에 따르는 것이 나을 것입니다. 그렇지 않으면 사람들은 당신을 이상한 사람으로 생각할 것입니다.

훨씬 더 오래 전에 보스톤에 있는 제일침례교회의 역사에는 신부와 함께 들어와서 여성들이 앉는 쪽에 같이 앉아 있던 신랑을 어떻게 조치해야 할지 협의하기 위해 집사들이 밖으로 나갔던 사건이 이야기됩니다.

그들은 엄격한 행동을 취하기로 결정했습니다. 그래서 그들은 그의 뒤쪽 통로로 내려가서 그의 목을 움켜잡고 밖으로 내던져버렸습니다. 그는 그들의 관습을 위반했던 것입니다.

도날드 지는 탁월한 목사이자 성경교사였습니다. 그는 영국과 아일랜드의 하나님의 성회 행정 장로회의 일원으로 섬겼습니다. 그는 오순절 사역에 종사하면서 유럽, 아프리카, 호주,

중국, 일본 등지와 북미에 걸쳐 광범위하게 돌아다녔습니다.

1920년대 후반과 1930년대 초반에 있었던 그의 초기 경험에 대한 기록에서, 그는 말씀 사역을 하기 위해 한 시골에 갔던 이야기를 했습니다. 선교사는 그를 만나러 나오지 않았습니다. 그는 자기 대신 영어를 하는 현지인 한 명을 보냈습니다.

"여기서 기다리세요. 선교사님은 곧 오실 거예요. 불가피한 일로 늦으십니다." 현지인이 말했습니다.

지 목사님은 당시 날씨가 꽤 쌀쌀했는데도 앉거나 피할 곳도 없이 밖에서 기다리느라 추웠다고 합니다.

지 목사님은 이렇게 말했습니다. "저는 좀 추워서, 주변을 걸으면서 혈액을 순환시키고 체온을 유지하려고 발을 굴렀습니다. 저는 좀 따뜻해질 때까지 계속 왔다 갔다 했습니다. 그러다 걸으면서 찬송가를 휘파람으로 불기 시작했습니다. 그 때 나는 한 현지 사람이 곁눈질로 나를 응시하고 있다는 것을 알아차렸습니다."

마침내 그 현지인이 말했습니다. "내가 당신이라면, 그렇게 하지 않을 것입니다."

"무엇을요?"

"휘파람 말입니다."

"휘파람 부는 게 잘못된 건가요?"

"이 지역에서는 휘파람 부는 것이 저속하게 여겨집니다. 우리 성도 가운데 누가 당신이 휘파람 부는 것을 들었다면, 아무도 당신 설교를 들으러 오지 않을 것입니다."

지 목사님은 이렇게 기록했습니다. "거기에 있는 동안 나는 그들의 관습을 따라야 했고, 세상 여기저기를 여행하면서 나는 다음 나라에도 내가 해도 되는 것과 해서는 안 되는 일이 있으리라고 예측하면서 다녔습니다."

만일 주 예수 그리스도를 위해 효과적인 증인이 되고자 한다면, 거의 모든 경우 사람들의 관습을 지켜야 합니다.

나는 만일 우리가 오늘날에도 아내가 덮개를 써야 하는 그런 관습을 가지고 있다면, 그것을 무시하는 것은 지혜롭지 못한 일이라고 확신합니다.

만일 사람들이 일반적으로 무례하다고 생각하는 일이라면, 그리스도의 몸을 확장하려는 사람들로서 관습에 따르는 것이 확실히 지혜로운 일입니다. **사회의 관습법을 이행하지 않음으로 인해 많은 설교자들의 사역을 열매를 맺지 못하였습니다.**

제 2차 세계대전이 끝나갈 무렵, 미국 오순절 교단 지도자들 가운데 한 사람이 독일 오순절 운동 지도자들을 만나기 위해 독일로 갔습니다. 그들은 부흥 센터들을 설립하기 위한 계획들을 토론하기 위해 소규모의 연회식 모임을 가졌습니다.

그 미국인이 말했습니다. "식사하기 전에 작은 잔으로 와인을 한 잔 마시는 것이 그들의 관습입니다. 그들은 술고래도 아니고, 그건 단지 그들의 관습일 뿐입니다. 그러나 우리의 관습은 그렇지 않고, 오히려 그것이 내 양심을 속박했습니다. '어떻게 할까?' 나는 망설였습니다. 마침내 성령께서 내게 말씀하셨습니다.

'하나님의 말씀은 네 앞에 놓여있는 것은 무엇이든 먹고 마시고 어떤 질문도 하지 말라고 하신다.' 그래서 나는 그들과 함께 포도주를 한 모금 입에 댔습니다."

그 때 독일 오순절파의 지도자가 상체를 구부려 그의 귀에 속삭였습니다. "미국에서는 어떤 성도들은 커피를 드신다고 하던데요."

그가 말했습니다. "물론 나도 커피를 마시지만, 나는 그녀에게 몸을 돌려 '자매님, 말씀드리기 죄송하지만, 그들은 커피를 마시지요.' 라고 말하는 자신을 발견했습니다."

거기에 머문 동안 그는 전혀 커피를 마실 수 없었습니다. 커피를 마시는 것은 그들의 관습을 거스르는 것이었습니다.

나는 이에 대해 웨이머스 번역 성경을 좋아합니다. "이 점에 대해 논쟁하고자 하는 자가 있을지라도 우리에게나 하나님의 모든 교회에는 이런 관습이 없느니라"(16절).

다시 말해, 교회는 그 지역의 관습을 따른다는 것입니다.

자연스러움에 대한 바울의 호소

바울은 또한 우리의 자연스러움naturalness에 또 하나의 호소를 합니다. "만일 남자에게 긴 머리가 있으면 자기에게 부끄러움이 되는 것을 본성nature이 너희에게 가르치지 아니하느냐 만일 여자가 긴 머리가 있으면 자기에게 영광이 되나니"(고전 11:14-15)

다시금 마커스 도드Marcus Dodd의 설명이 밝혀주고 있습니다.

선천적으로 여자들은 정숙과 은거의 상징을 타고 났다. 가정적 의무에 대한 여성의 헌신을 나타내는 덮개는 단지 여자의 머리카락이라는 자연적 선물의 인위적인 연속에 불과하다. 그리스에서 남자의 멋 부린 긴 머리는 여자에게나 어울리는 여성스럽고 호화로운 생활의 표시로서, 남자에게는 어울리지 않는다고 받아들여졌다.

바울이 하나님께서 하신 말씀이라고 하지 않는다는 것에 다시 한 번 주목하십시오. "본성이 가르치지 아니하느냐" 그는 이 문제를 입증하려고 본성을 다룹니다. "성경은 여자들이 긴 머리카락을 가져야만 한다고 가르치는가?"라는 이 질문을 둘러싸고 작은 전쟁들이 치러졌고 교회들이 분열되었습니다.

얼마나 길어야 긴 것입니까? 얼마나 짧아야 짧은 것입니까? 나는 12년 동안 목회사역을 하였습니다. 그 동안 비록 내 아내는 다른 여자들이 하고 있는 것처럼 긴 머리를 하고 있지 않았지만, 그럭저럭 별 문제 없이 잘 지냈습니다. 다른 여자들은 매듭으로 긴 머리카락을 머리 위로 단단히 감아올리곤 했습니다. 그러나 나의 아내의 머리는 그들의 머리보다 더 많이 가려져 있었습니다. 아무리 그들의 머리카락이 길지라도 그 머리카락은 그들의 머리를 가리지 않았습니다. 나의 아내의 머리는 가려져 있었습니다.

바울은 자연스러움에 호소했습니다. 여자의 머리카락이 남자들이 일반적으로 머리를 기르는 것보다 더 길 때, 우리는 그 사람이 여자임을 분간 할 수 있습니다. 당시 남자들은 오늘날 보통 기르는 것보다 더 길게 머리카락을 길렀다는 것을 역사상 특정 기간의 그림들로부터 우리는 알 수 있습니다. 그러나 동시에 여자들은 그것보다 좀 더 길렀습니다. 남자들의 머리카락은 그 당시의 표준에 의하면 여전히 짧았던 것이었습니다.

나는 이 점을 말하고 싶습니다. 나는 어떤 그리스도인 남자나 소년이 조금이라도 여자처럼 되는 것은 좋지 않다고 생각합니다.

전도서에서 지혜로운 남자가 말했습니다. "일의 결국을 다 들었으니 하나님을 경외하고 그의 명령들을 지킬지어다 이것이 모든 사람의 본분이니라"(전 12:13).

그러므로 바울의 요점을 요약해 봅시다.

1. 그는 여성들이 머리를 가리지 않고 나타나는 것이 불경스럽다고 말하지 않았습니다. 넌지시라도 그런 말을 한 적이 없습니다.
2. 그는 여성들이 머리를 가리지 않는 것이 하나님을 화나게 한다고 말하지도 않습니다.
3. 그는 그것이 **관습**이라고 말합니다. 그리고 관습을 따르는 것이 현명한 일입니다.

4. 그는 자연스러움에 호소합니다.

　바울은 보편적인 적용의 원칙들을 다루었습니다. 그러나 시대와 관습이 여성들의 예절을 바꾸었듯이, 나는 우리나라에서 여성들이 머리를 가리지 않고 공중에 나타나는 것을 금지하는 어떤 내용도 이 단락에서 보지 못합니다. 그러나 만일 당신이 어떤 다른 장소에 있고 그것이 그곳의 관습이라면, 나는 당신에게 그것을 따르라고 하겠습니다.

06
그리스도인 여성의 적절한 복장과 장식

또 이와 같이 여자들도 단정하게 옷을 입으며 소박함과 정절로써 자기를 단장하고 땋은 머리와 금이나 진주나 값진 옷으로 하지 말고
오직 선행으로 하기를 원하노라 이것이 하나님을 경외한다 하는 자들의 마땅한 것이니라

딤전 2:9-10

아내들아 이와 같이 자기 남편에게 순종하라 이는 혹 말씀을 순종하지 않는 자라도 말로 말미암지 않고 그 아내의 행실로 말미암아 구원을 받게 하려 함이니
너희의 두려워하며 정결한 행실을 봄이라
너희의 단장은 머리를 꾸미고 금을 차고 아름다운 옷을 입는 외모로 하지 말고
오직 마음에 숨은 사람을 온유하고 안정한 심령의 썩지 아니할 것으로 하라 이는 하나님 앞에 값진 것이니라

전에 하나님께 소망을 두었던 거룩한 부녀들도 이와 같이 자기
남편에게 순종함으로 자기를 단장하였나니

벧전 3:1-5

우리 주 예수 그리스도께서는 우리에 대하여 권위를 가지고 계십니다. 그분은 우리의 주님이시기 때문에, 우리와 관계된 모든 것들과 마찬가지로 우리의 복장을 통제하실 권위도 가지고 계십니다.

이 성경 구절들은, 비록 남자들도 여기에 영향을 받지 않는 것은 아니지만, 여자들의 마음을 강력하게 움직이는 유혹에 대해 다룹니다. 이런 이유로 바울과 베드로는 이와 같이 여자들을 따로 집어서 특별히 권고하는 것입니다.

지금 우리 시대에는 정숙 의식보다는 패션이 많은 여성들에게 더 큰 권력을 행사하는 것을 보아 왔습니다. 심지어 세상 남자들도 그리스도인이라 공언하는 많은 여성들이 입는 빈약한 옷들로 인해 충격을 받아왔습니다. 많은 여성들이 하나님의 영광을 구하며 사는 사람이 아니라 인격이 미심쩍은 사람들이 그런 사람들을 위해 디자인한 패션을 받아들인다니 마땅히 개탄할 일입니다.

바울이든 베드로든 엄격하고 결코 어겨선 안 되는 규율을 제시하지는 않지만, 한 가지 연관되는 원칙이 있습니다.

어떤 이들은 이렇게 주장할 것입니다. "그러나 베드로는 여자

들에게 머리를 땋거나 금을 차지 말라고 했습니다."(내가 조사한 바에 따르면 이것은 세공한 금이나 자잘한 장신구를 넣어 머리를 땋는 것으로 많은 시간이 드는 관습이었습니다.) 그들은 이렇게 결론을 내립니다. "그는 머리에 손을 대서 변형시키지 말라고 말한 것입니다."

나는 포트워스에 있는 로젠 헤이츠 하나님의 성회 교회에서 40년 이상 동안 목회했으며, 지금은 세상을 떠나 주님과 함께 있는 O. B. 브라운 목사님의 의견에 동의합니다. 그분은 이렇게 말했습니다. "나는 여성들에게 스스로와 남편이 보이게 멋지도록 옷을 잘 갖춰 입으라고 가르칩니다. 나는 이렇게 말합니다. '남편을 붙잡아 놓으려면 근사하게 보여야 해요. 그를 계속 잡아 놓기 원한다면 근사하게 보이는 편이 좋아요.'"

베드로는 "하지 말라Don't"라고 말하지 않았습니다. 만일 그가 "머리를 **땋지 말라**"라고 했다거나 "금을 **착용하지 말라**"라고 말한 것이라면, 그는 또한 "옷을 **입지 말라**"라고 말한 것이 됩니다.

그는 "너희의 단장은 머리를 꾸미고 금을 차고 아름다운 옷을 입는 외모로 하지 말고"(3절)라고 말했으니 말입니다. 물론 우리는 그가 옷을 입지 말라고 말한 것이 아님을 압니다.

이 부분에서 여자들이 받는 유혹 때문에, 그는 "머리에 당신의 모든 시간을 낭비하지 마십시오. 머리 묶는데 시간을 다 쓰지 마십시오. 옷 입는데 시간을 다 쓰지 마십시오."라고 말하고 있는 것입니다. (만일 일부 그리스도인 여성들이 머리하고 옷 입는데 쓰는 시간의 반만 기도하고 금식하고 하나님을 찾는데 쓴다면 그들은 영적 거장이 될 것입니다!) 베드로는 이 지점에서 균형을 잡고자 하는 것입니다.

우리는 균형을 필요로 합니다. 교회는 길의 한쪽 또는 반대쪽 도랑에 빠져 버리는 경향이 있습니다. 우리는 어떤 방향으로든 극단으로 치달아서는 안 되며, 길 가운데로 가야 합니다.

베드로의 요점은 이것입니다. 당신의 **겉사람**을 꾸미는데 시간을 다 쓰지 마십시오. 대신 무엇보다도 당신의 속사람을 온유하고 안정한 영으로 단장하도록 하십시오. 만일 당신이 속사람을 우선시하는데 전념한다면, 겉사람에 대해서는 그만큼 걱정할 필요가 없습니다.

1937년에 내가 성령 세례를 받고 오순절 사람들에게로 건너왔을 때, 순복음 교회들은 오늘날보다 더 엄격했습니다. 여자는 머리카락이 길어야 한다고 배웠기 때문에, 거의 모든 여성이 긴 머리를 하고 있었습니다.

한 여성 복음전도자가 머리카락을 자르고 단발머리를 하자, 엄청난 논란을 불러 일으켰습니다.

그 여성 사역자가 말했습니다. "하나님께서 그렇게 하라고 하셨습니다."

그들은 그녀에게 정면으로 맞섰습니다. "그러나 성경 바로 여기에서 여자는 긴 머리를 해야 한다고 말합니다."

그녀가 말했습니다. "그렇지만 다른 구절도 있습니다. (성경은 반드시 다른 구절에 비추어 해석되어야 합니다.) 저는 베드로가 '너의 겉사람, 즉 머리카락에 시간을 다 쓰지 말고 먼저 마음에 숨은 사람을 온유하고 안정된 심령으로 단장하라' 라고 말한 것을 봤습니다. 저는 제가 긴 머리카락을 멋지게 보이도록 유지하려고 너무 많은 시간을 쓰고 있다는 것을 깨달았습니다. 머리를 자른 이후로는 그냥 죽죽 빗기만 하면 끝입니다. 이제는 성경을 읽고 기도하는데 시간을 쓸 수 있습니다. 정말이지 저는 전보다 더 영적이고 하나님과 더 가까이 동행하고 있답니다. 저는 겉사람에 너무 많은 시간을 쓰고 있었어요."

우리는 균형을 유지해야 합니다. 복음을 전하는 여성들은 불쾌감을 주거나 천박한 외모가 되지 않도록 특별히 주의해야만 한다고 말하고 싶습니다. (어떤 지도자의 위치에 있는 사람들은 복장과 행실에서 조금 보수적인 쪽으로 기우는 편이 지혜로울 것입니다.)

바울은 이러한 것들에서 과잉으로 빠지는 선행을 할 것을 권면합니다. 만일 어떤 여자가 이런 영역에서 시간을 너무 많이 낭비하면, 선행을 하기 위한 시간을 가질 수 없음을 여러분은 쉽게 알 수 있습니다.

베드로는 속사람을 단장하라고 권면합니다. 속사람을 단장하는 데는 시간이 걸립니다. 그것은 우리 모두에게 육과 영 사이의 전투로 귀결됩니다.

나는 엄격한 규칙들과 할 것과 하지 말 것의 목록을 내려놓아야 한다고 생각하지는 않습니다. 우리에게는 우리의 의견과 생각들을 다른 사람들에게 강요할 권리가 없습니다.

나는 언제나 매우 보수적이었습니다. 내 아내가 나로 하여금 결혼반지를 끼도록 설득하는데 결혼하고 10년이나 걸렸습니다. 나는 그저 반지에 관심이 없었습니다. 그렇다고 남들이 끼는 것에 대해 확고한 의견이 있는 것도 아니었습니다. 그것은 제가 상관할 바가 전혀 아니었습니다. 당신의 양심을 통제하는 사람은 내가 아니라 당신입니다. 그것은 당신과 하나님 사이의 일입니다. 모든 사람들로 하여금 각자 자신의 구원을 스스로 이루게 하십시오. 결국 오레사는 나에게 간단한 금반지를 끼라고 했고, 크리스마스에 반지를 주었습니다. 나는 반지를 끼고 다니기 시작했고, 점점 좋아하게 되었습니다. 나는 얼마 지나지 않아 이렇게 말했습니다. "하나 더 갖고 싶네." 그래서 아내는 하나를 더 가져다주었습니다. (때로 우리는 어떤 것에 대해 다소 선입관을 가졌다가, 그것이 결코 우리 생각만큼 나쁘지는 않다는 것을 발견하게 됩니다.)

나는 여자들이 귀걸이를 하는 것에 대해서는 아무 관심이 없었습니다. 나는 귀걸이를 하는 것에 대해 나쁘게 생각하지도 않았습니다. 나는 이런 나의 뜻을 할 수 있는 한 가장 사랑스러운 방법으로 표현했습니다. 아내는 결혼 후 25년 동안 귀걸이를 하지 않았습니다. 그러나 마침내 나는 아내에게 본인이 원하는 대로,

귀걸이를 하고 싶으면 하라고 말했습니다. 보다시피, 이는 그저 **내가 좋아하는 것과 좋아하지 않는 것**일 뿐입니다. 나는 하나님께서 특별히 상관하시는 것은 보지 못했습니다. 저는 하나님께서 아프리카에서 **코걸이**를 찬 사람들도 구원하시고 성령으로 침례하시는 것을 보았습니다!

마리아 우드워드 에터 자매는 금세기 오순절 운동 초기에 두드러진 사역자였습니다. 그녀는 1844년에 태어나서 1885년에 치유 사역을 시작했습니다. 70세가 되었을 때, 그녀는 22,000석의 천막을 가지고 확성 장치도 없이 설교를 했습니다.

댈러스 타임즈 헤럴드 신문의 1911년판에서는 1면 정중앙에 그녀의 집회에 대해 이렇게 적었습니다. "여러분, 우산을 접고 페어 파크 천막 집회로 나오십시오. 예수와 사도들의 시대에 행하셨던 것처럼, 지금 하나님께서 병자들을 치유하고 계십니다."

그 신문은 계속해서 사람들이 어떻게 줄줄이 치유 받고 도시의 의사들이 그들의 치유 전후를 진찰하고 있는지 기술했습니다. 여러분이 지금까지 들어왔던 가장 놀라운 기적들 가운데 어떤 것들은 그녀의 집회에서 일어났습니다. 그녀는 하나님을 위한 권능의 발전소였습니다.

그러나 그녀는 나이가 들 때까지 사역에 들어가지도 못했습니다. 하나님은 젊을 때부터 그녀를 설교하도록 부르셨지만, 그녀의 교회에서는 여자는 침묵을 지켜야한다고 말했고, 그녀는 하나님께 순종하지 않음으로서 그분의 뜻에서 벗어나게 되었습니다.

그녀는 많은 것들로 인해 고통을 받았습니다. 그녀의 여섯 자녀들 중 다섯 명이 죽었습니다. 하나님께서 그들을 죽이셨을까요? 아닙니다. 그러나 그녀가 불순종 가운데 있음으로 인해 마귀가 그렇게 할 수 있었던 것입니다. 그녀의 첫 번째 남편은 죽었습니다. 그리고 마침내 50세가 다 되어 죽음에 가까웠을 때에야 그녀는 이렇게 말했습니다. "좋습니다, 하나님. 제가 하나님의 뜻을 행하겠습니다. 남자들이 무어라 말하든, 교회가 무어라 말하든, 다른 누가 무어라 말하든 신경 쓰지 않겠습니다. 저는 가서 복음을 전하고 병자들을 위해 기도하겠습니다." 그러자 그녀의 모든 일들이 잘 풀려나가기 시작했습니다.

그녀는 그 당시 손꼽히는 오순절 사역자들 가운데 한 사람이었기 때문에, 어떠한 특정 단체에 속하지 않았음에도 시카고 스톤 교회에서 열린 하나님의 성회 격년 총회 집회에서 말씀을 전하도록 초청받았습니다. 나는 그녀의 설교를 읽었으며 또한 그것을 읽으면서 "1916년의 설교지만, 오늘날 이 시대에 얼마나 잘 어울리는 메시지인가!"라고 생각했습니다. 그녀는 순복음 교단을 이끄는 설교자들에게 "장난감 목마"를 타는 것에 대해서 설교했습니다.

그녀가 말했습니다. "매우 많은 설교자들이 어떤 한 가지 일에 몰두하여 장난감 목마를 타듯이 거기에 매달립니다. 어떤 이는 여자들의 옷차림이라는 주제에 몰두합니다. 그것은 그들이 전에 모두 설교했던 것들입니다. 그리고 옷을 이렇게 입든 저렇게 입든 그것이 당신을 천국에 이르게 하지도 지옥으로 보내지도 못합니다. 여러분은 예수님을 전파하여 사람들이 구원받고 성령으로 충만케 되도록 하며, 주님께서 그들에게 할 바를 말씀하시도록 해야 합니다."

이어서 그녀가 권면했습니다. "다른 교단과 싸우지 마십시오. 동료 그리스도인들과도 싸우지 마십시오. 다만 예수님과 십자가와 예수님의 보혈과 부활을 전파하십시오. 나는 내가 결코 하나님의 손이 닿지 않으리라 생각했던 사람들도 갈급한 심령이 있다면 하나님께서 그들을 만나주신다는 것을 배웠습니다. 나는 어떤 것에도 반대하는 설교는 하지 않습니다. 나는 중요한 것을 위해 설교합니다."

밥 부에스Bob Buess는 성령을 받았을 때, 미국 남서부 지역의 스페인어권 사람들을 위한 남침례교 가정 선교사가 되었습니다. 그는 1974년에 『시계추 운동The Pendulum Swings』라는 제목의 책을 출판했습니다. 그는 이렇게 진술합니다. "이 책의 목적은 사람들로 하여금 속도를 늦추고 다른 주제들의 다른 면을 보도록 하는 것입니다. 교리와 율법주의에 걸려 있는 시계추를 하나님의 온전하신 뜻 안으로 되돌려야 합니다."

이 책의 5장 "여성들의 옷차림에 대한 시계추 운동을 따른 변화The Pendulum Swings Back into Line on Attitudes Toward Women's Dress"에서 베드로전서 3:3-4에 대한 밥의 해설을 인용하겠습니다.

여자들에게 과한 옷차림 보다는 오히려 '마음에 숨은 사람'에 중점을 두라는 지시가 주어졌음을 이해해야 합니다.

여자가 바지를 입을 수 없다는 것이 사실일까요?

그렇지 않습니다. 이는 하나님의 말씀을 엄격하게 해석한 진리가 아닙니다. 그것에 대해 기도해보십시오. 이 문제에 대해 주님께서 당신을 인도하시도록 하십시오. 이것이 성경이 이 문제에 대해 실제로 말하는 바입니다.

"여자는 남자의 의복을 입지 말 것이요 남자는 여자의 의복을 입지 말 것이라 이같이 하는 자는 네 하나님 여호와께 가증한 자이니라"(신명기 22:5)

성경은 여자는 남자의 옷을 멀리하고, 마찬가지로 남자도 여자의 옷을 입지 말아야 한다고 말합니다.

어떤 동성애자들은 여자의 옷을 입기 좋아하고, 여자 흉내 내기를 좋아합니다. 저의 의견이지만, 이는 단순히 이성의 옷을 입는 일 이상의 문제입니다.

한 가지 분명한 것은 치마를 입든 바지를 입든 여자는 여자여야 한다는 것입니다.

전통은 여자들은 바지를 입어서는 안 된다고 말합니다.

성경은 그런 이야기를 하지 않습니다.

만일 당신이 여자와 바지에 대해 다른 견해를 가진 사람들과 동역하고 있다면, 당신은 그들에게 걸림이 되지 않도록 그들을 따라야 합니다.

그들에게 따를 수 없다면, 당신은 당신과 같은 신념을 공유하는 다른 모임으로 옮기는 것에 대해 기도해 보아야 합니다.

그런데 여자의 바지는 남성복이 아닙니다. 성경 시대에도 남자들은 치마를 입었고 여자들은 바지를 입었습니다. 우리도 여자들은 바지를 입고 남자들은 치마를 입어야 할 것 같습니다.(다시 잘 생각해보니, 저는 그렇게 하고 싶지는 않네요.) 당신은 당신의 평강을 따르는 것이 매우 중요합니다. 어떤 이들은 여자가 바지 입는 것을 반대하는 가르침의 배경을 강하게 가지고 있습니다. 당신이 속한 사회가 당신에게 입도록 허락하는 것을 입되, 독재자의 영으로 다른 누군가에게 당신의 견해를 강요하려고 하지는 마십시오. 당신은 당신의 확신을 공유할 수는 있지만 요구할 수는 없습니다.

"너희의 단장은 머리를 꾸미고 금을 차고 아름다운 옷을 입는 외모로 하지 말고, 오직 마음에 숨은 사람을 온유하고 안정한 심령의 썩지 아니할 것으로 하라 …"(벧전 3:3-4)

이 말씀은 여자들에게 마음에 숨은 사람에 역점을 두라고 권고합니다. 그들은 부드럽고 여성다워야 합니다. 그들은 온유하고 안정한 영을 소유해야 합니다. … 옷 보다는 겸손한

영에 역점을 두어야 합니다. … 이른바, 이른바 옷차림은 '거룩한' 여성들 중에 몇몇은 사실 세상에서 가장 못된 여자들인 경우가 있습니다. 그들은 거룩한 척하는 영을 계발하는 것 같습니다.

한 선교사 부부가 1900년부터 1935년까지 지금의 이스라엘 땅에서 살았습니다. 그들은 돌아와서, 성서의 땅의 관습들에 관해 썼습니다. 이스라엘 건국 이래 그 땅에는 많은 발전들이 이루어져 왔지만, 그들 부부가 그곳에 있었을 때는 대부분의 고대 관습들이 널리 행해졌습니다.

그는 이렇게 지적했습니다. "우리는 서방의 사고방식에 비추어 성경을 해석하려고 시도해 왔지만, 성경은 동방의 책입니다. 우리는 우리가 어떤 의미로 해석한 성경 구절들이 이곳 사람들에게는 정확히 반대 의미로 해석되는 경우가 있음을 배웠습니다. 사역을 마치고 미국에 돌아와서 우리가 발견하고 매우 놀란 일 중 하나는, 그리스도를 그린 그림에서 그분이 여자 옷을 입고 계셨다는 것입니다. 화가들이 예수님께 겉옷을 입힌 것은 괜찮은데, 그 색깔이 달랐습니다. 그곳에는 여성들의 전유물이며 남자들은 절대 입지 않는 특정 색깔이 있습니다. 그런데 여성들의 복장에 대해 가장 목소리를 높이는 사람 중 몇몇은 자기 집에 예수님이 여자 옷을 입고 있는 사진을 걸어 두고 있습니다."

우리의 본문 중 하나인 디모데전서 2:9에 대한 주석에서, 밥

부에스는 이렇게 말합니다. "실제로 성경은 지나침을 다루고, 과잉에 대해 경고합니다. 의복 종류보다는 장신구 등이 지적을 받았습니다. 장신구를 과하게 단 여성들이 바지를 입은 여성들에 대해서는 마치 뱀을 본 것처럼 대하는 일이 있습니다. 이런 여성들은 적어도 성경의 가르침에는 일치해야 할 것입니다."

일관성이 없게 되기는 쉽습니다. 나는 사람들이 진주나 장신구 등을 옷에 달지 못하게 하는 지역들에서 살아왔습니다. 그러나 그들은 장식적인 핀을 가득 꽂아서 긴 머리카락을 올리곤 했습니다. 이는 "장신구를 머리에 다는 것은 괜찮아요, 하지만 목 아래부터는 안 돼요."라고 말하는 것과 똑같은 것입니다.

나는 오직 여자들이 옷을 어떻게 입어야 하는지만 말하고 싶어 하는 설교자들을 알고 있습니다. 그것이 그들의 주요 화제였습니다. 그들의 불쌍한 아내들은 좀처럼 제대로 된 옷을 입을 수 없었습니다. 그들은 머리카락을 길게 하고 조금의 화장도 할 수 없었습니다. 그러나 그 남편 설교자들은 잘 차려입고 근사해 보였습니다. 그들이 함께 나가면, 아내들은 마치 그들의 어머니처럼 보였습니다!

07
결론

선교사들이 말하기를 특별히 제 2차 세계 대전 이전에, 동양의 나라들의 가난하고 문맹인 여성들은 복음 메시지의 의미를 온전히 이해할 수 없었다고 합니다.

그들은 어리석고 불경한 질문들로 예배를 중단시키곤 했습니다. 가령 그들은 선교사가 입고 있는 드레스의 가격이나 복장의 용도 같은 것들에 대해 대놓고 묻곤 했습니다.

역사적으로 여성들이 교육 받지 못한 계층으로 남아 있던 고린도 지역에서, 바울은 비슷한 상항에 대해 몇 가지 규제를 지시한 것으로 보입니다.

내가 맨 처음 오순절 단체에 들어왔을 때, 나는 큰 흥미를 가지고 찰스 E. 로빈슨의 저술들을 읽었습니다. 그는 이렇게 말했습니다. "나는 예배드리고 사업하는 일에 대해서는 성별에 기초한 성경적인 차별이 절대로 없다고 말할 수도 증명할 수도 있다고 생각한다. 하나님께는 남자나 여자가 아니라 단지 사람들만이 있을 뿐이다. … 하나님께서 차이를 두시는 것은 성별에 근거하는 것이 아니라 혼인 여부에 근거하는 것이다."

교회에서는, 영적인 것에 있어서는, 그리고 그리스도의 몸에서는 남자와 여자 사이에 아무런 차별이 없습니다. 하나님께는 아무 차이가 없습니다.

그것이 바로 많은 사람들이 놓친 지점입니다. 성경 말씀들이 그런 의미가 아님에도 이를 남자와 여자에 대한 문제로 만들어 버렸습니다. 그러나 이는 남편과 아내에 대한 문제입니다.

교회에서 남자는 여자의 머리가 아닙니다. 가정에서 남편이 아내의 머리입니다.

> 갈 3:26-28
> 26 너희가 다 믿음으로 말미암아 그리스도 예수 안에서 하나님의 아들이 되었으니
> 27 누구든지 그리스도와 합하기 위하여 세례를 받은 자는 그리스도로 옷 입었느니라
> 28 너희는 유대인이나 헬라인이나 종이나 자유인이나 남자나 여자나 다 그리스도 예수 안에서 하나이니라

믿음의말씀사 출판물

구입문의 : 031-8005-5483 / 5493 http://faithbook.kr

■ 케네스 해긴의 「믿음 도서관」 책들
- 새로운 탄생 | 값 1,000원
- 재정 분야의 순종 | 값 1,000원
- 나는 지옥에 갔다 왔습니다 | 값 1,000원
- 하나님의 처방약 | 값 1,000원
- 더 좋은 언약 | 값 1,000원
- 예수의 보배로운 피 | 값 1,000원
- 하나님을 탓하지 마십시오 | 값 1,000원
- 네 주장을 변론하라 | 값 1,000원
- 셀 모임에서 성령인도 받기 | 값 1,000원
- 안수 | 값 1,000원
- 치유를 유지하는 법 | 값 1,000원
- 사랑은 결코 실패하지 않습니다 | 값 1,000원
- 하나님께서 내게 가르쳐 주신 형통의 계시 | 값 1,000원
- 왜 능력 아래 쓰러지는가? | 값 1,000원
- 다가오는 회복 | 값 1,000원
- 잊어버리는 법을 배우기 | 값 1,000원
- 위대한 세 단어 | 값 1,000원
- 하나님의 은사와 부르심 | 값 1,000원
- 그 이름은 "놀라우신 분" | 값 1,000원
- 우리에게 속한 것을 알기 | 값 1,000원
- 성령을 받는 성경적인 방법 | 값 1,200원
- 하나님의 영광 | 값 1,200원
- 은혜 안에서의 성장을 방해하는 다섯 가지 | 값 1,200원
- 사랑 가운데 걷는 법 | 값 1,200원
- 바울의 계시: 화해의 복음 | 값 1,200원
- 당신은 당신이 말하는 것을 가질 수 있습니다 | 값 1,200원
- 그리스도 안에서 | 값 2,000원
- 말 | 값 2,000원
- 방언기도의 능력을 풀어 놓으라 | 값 2,000원
- 옳은 사고방식 틀린 사고방식 | 값 2,000원
- 속량 – 가난, 질병, 영적 죽음에서 값 주고 되사다 | 값 2,000원
- 네 염려를 주께 맡겨라 | 값 2,000원
- 예언을 분별하는 일곱 단계 | 값 2,000원
- 절망적인 상황을 반전시키기 | 값 2,000원
- 당신의 믿음을 풀어 놓는 법 | 값 2,000원
- 진짜 믿음 | 값 2,000원
- 믿음이란 무엇인가 | 값 2,000원
- 그리스도께서 지금 하고 계시는 일 | 값 3,000원
- 충분하고도 넘치는 하나님 엘 샤다이 | 값 2,500원
- 금식에 관한 상식 | 값 2,500원
- 하나님의 말씀 : 모든 것을 고치는 치료제 | 값 3,000원
- 가족을 섬기는 법 | 값 3,000원
- 조에 | 값 4,000원
- 당신이 알아야 하는 신유에 관한 일곱 가지 원리 | 값 5,000원
- 여성에 관한 질문들 | 값 6,000원

- 인간의 세 가지 본성 | 값 5,500원
- 몸의 치유와 속죄 | 값 6,000원
- 크게 성장하는 믿음 | 값 6,000원
- 하나님 가족의 특권 | 값 6,500원
- 기도의 기술 | 값 7,000원
- 나는 환상을 믿습니다 | 값 7,000원
- 병을 고치는 하나님의 말씀 | 값 7,000원
- 영적 성장 | 값 7,000원
- 신선한 기름부음 | 값 7,000원
- 믿음이 흔들리고 패배한 것 같을 때 승리를 얻는 법 | 값 7,000원
- 믿음의 선한 싸움을 싸우는 법 | 값 9,000원
- 하나님의 계획과 목적과 추구 | 값 8,000원
- 예수 열린 문 | 값 8,000원
- 믿음의 계단 | 값 12,000원
- 당신을 향한 하나님의 계획 | 값 8,500원
- 역사하는 기도 | 값 9,000원
- 기름부음의 이해 | 값 9,000원
- 내주하시는 성령 임하시는 성령 | 값 11,000원
- 재정적인 번영에 대한 성경적 열쇠들 | 값 9,000원
- 어떻게 하나님의 영으로 인도받을 수 있는가? | 값 13,000원
- 마이더스 터치 | 값 10,000원
- 치유의 기름부음 | 값 13,000원
- 그리스도의 선물 | 값 16,000원
- 방언 | 값 12,000원
- 믿는 자의 권세(생애기념판) | 값 13,000원
- 믿음의 양식 | 값 13,000원
- 승리하는 교회 | 값 15,000원

■ E. W. 케년
- 십자가에서 보좌까지 무슨 일이 일어났는가? | 값 16,000원
- 두 가지 의 | 값 7,000원
- 놀라우신 그 이름 예수 | 값 9,000원
- 하나님 아버지와 그분의 가족 | 값 12,000원
- 나의 신분증 | 값 4,000원
- 두 가지 생명 | 값 11,000원
- 새로운 종류의 사랑 | 값 6,000원
- 그분의 임재 안에서 | 값 13,000원
- 속량의 관점에서 본 성경 | 값 20,000원
- 두 가지 지식 | 값 4,500원
- 피의 언약 | 값 4,500원
- 숨은 사람 | 값 16,000원
- 두 가지 믿음 | 값 9,000원
- 새로운 피조물의 실재 | 값 16,000원

■ 스미스 위글스워스
- 스미스 위글스워스의 천국 | 값 11,000원
- 스미스 위글스워스의 매일묵상 | 값 20,000원
- 위글스워스는 이렇게 했다 | 피터 J. 매든 지음 · 값 9,000원
- 스미스 위글스워스의 능력의 비밀 | 피터 J. 매든 지음 · 값 7,000원

■ T. L. 오스본
- 행동하는 신자들 | 값 4,500원
- 기적 – 하나님 사랑의 증거 | 값 4,500원
- 새롭게 시작하는 기적 인생 | 값 8,000원
- 좋은 인생 | 값 13,000원
- 성경적인 치유 | 값 10,000원
- 능력으로 역사하는 메시지 | 값 16,000원
- 100개의 신유 진리 | 값 1,000원
- 24 기도 원리 7 기도 우선순위 | 값 1,000원
- 하나님의 큰 그림 | 값 5,500원
- 긍정적 욕망의 힘 | 값 10,000원

■ 잔 오스틴
- 믿음의 말씀 고백기도집
- 하나님의 사랑의 흐름
- 견고한 진 무너뜨리기
- 초자연적인 흐름을 따르는 법
- 당신의 운명을 바꿀 수 있습니다
- 어떻게 하나님의 능력을 풀어놓을 수 있는가?

■ 크리스 오야킬로메
- 방언기도학교 31일 | 값 2,500원
- 여기서 머물지 말라 | 값 2,500원
- 이제 당신이 거듭났으니 | 값 1,500원
- 당신의 인생을 재창조하라 | 값 2,000원
- 이 마차에 함께 타라 | 값 5,000원
- 그리스도 안에 있는 당신의 권리 | 값 2,500원
- 당신의 치유를 유지하기 | 값 500원
- 성령님과 당신 | 값 2,500원
- 방언의 능력 | 값 1,000원
- 성령님이 당신 안에서 행하실 일곱 가지 | 값 3,500원
- 성령님이 당신을 위해 행하실 일곱 가지 | 값 3,000원
- 기적을 받고 유지하는 법 | 값 2,500원
- 하나님께서 당신을 방문하실 때 | 값 3,500원
- 올바른 방식으로 기도하기 | 값 2,500원
- 당신의 믿음을 역사하게 하는 법 | 값 5,000원
- 끝없이 샘솟는 기쁨 | 값 1,500원
- 기름과 겉옷 | 값 4,000원
- 약속의 땅 | 값 8,000원
- 하나님의 일곱 영 | 값 5,000원
- 예언 | 값 4,000원
- 시온의 문 | 값 4,000원
- 하늘에서 온 치유 | 값 10,000원
- 효과적으로 기도하는 법 | 값 6,500원
- 어떤 질병도 없이 | 값 6,000원
- 주제별 말씀의 실재 | 값 15,000원
- 마음의 능력 | 값 8,000원

■ 앤드류 워맥
- 당신은 이미 가졌습니다 | 값 14,000원
- 은혜와 믿음의 균형 안에 사는 삶 | 값 14,000원
- 하나님은 당신이 건강하기 원하십니다 | 값 12,000원
- 영·혼·몸 | 값 10,000원
- 전쟁은 끝났습니다 | 값 11,000원
- 믿는 자의 권세 | 값 12,000원
- 새로운 당신과 성령님 | 값 6,500원
- 노력 없이 오는 변화 | 값 10,000원
- 하나님의 충만함 안에 거하는 열쇠 | 값 9,000원
- 더 좋은 기도 방법 한 가지 | 값 9,000원
- 재정의 청지기 직분 | 값 10,500원
- 하나님을 제한하지 마라 | 값 8,500원

■ 기타 「믿음의 말씀」 설교자들
- 성령의 삶 능력의 삶 | 데이브 로버슨 지음 · 값 20,000원
- 복을 취하는 법 | R.R. 쏘아레스 지음 · 값 5,500원
- 주는 자에게 복이 되는 선물 | R.R. 쏘아레스 지음 · 값 6,000원
- 믿음으로 사는 삶 | 코넬리아 나쥼 지음 · 값 6,000원
- 붉은 줄의 기적 | 리차드 부커 지음 · 값 10,000원
- 당신이 말한 대로 얻게 됩니다 | 돈 고셋 지음 · 값 10,000원
- 예수-치유의 길 건강의 능력 | 월포드 H. 리트 지음 · 값 11,000원
- 믿음과 고백 | 찰스 캡스 지음 · 값 12,000원
- 임재 중심 교회 | 테리 테이클/린 폰더 지음 · 값 11,000원
- 성령충만한 그리스도인의 지침서 | 데릭 프린스 지음 · 값 30,000원
- 열정과 끈기 | 조엘 코미스키 지음 · 값 8,000원
- 제자 만들기 | 랄프 무어 지음 · 값 11,000원
- 어떻게 교회를 배가하는가 | 랄프 무어 지음 · 값 15,000원
- 초자연적으로 타고난 | 채드 곤잘레스 지음 · 값 12,000원
- 운명 | T. D. 제이크스 지음 · 값 16,000원
- 모든 사람을 위한 치유 | 커리 R. 블레이크 · 값 9,000원
- 그렇지 않습니다 | 월포드 라이트 · 값 5,000원

■ 김진호 · 최순애
- 왕과 제사장 | 김진호 지음 · 값 6,500원
- 새로운 피조물의 실재 | 김진호 지음 · 값 9,000원
- 믿음의 반석 | 최순애 지음 · 값 22,000원
- 새 언약의 기도 | 최순애 지음 · 값 8,000원
- 새로운 피조물 고백기도집 | 최순애 지음 · 값 5,000원
- 성령 인도 | 최순애 지음 · 값 7,000원
- 복음의 신조 | 최순애 지음 · 값 9,000원
- 존중하는 삶 | 최순애 지음 · 값 8,000원
- 성경의 세 가지 접근 | 최순애 지음 · 값 3,000원
- 말씀 묵상과 고백 | 최순애 지음 · 값 3,000원
- 그리스도의 교리 | 김진호 지음 · 값 10,000원
- 영혼 구원 | 김진호 지음 · 값 8,000원
- 새로운 피조물 | 김진호, 최순애 지음 · 값 10,000원